国家出版基金项目
NATIONAL PUBLICATION FOUNDATION

梁啓超◎著

大乘起信論考證

山西出版傳媒集團
山西人民出版社

圖書在版編目(CIP)數據

大乘起信論考證 / 梁啓超. -太原: 山西人民出版社, 2014.12
(近代名家散佚學術著作叢刊 / 許嘉璐主編)
ISBN 978-7-203-08782-3

Ⅰ. ①大… Ⅱ. ①梁… Ⅲ. ①大乘-佛經②《大乘起信論》-考證 Ⅳ. ①B942.1

中國版本圖書館CIP數據核字(2014)第234687號

大乘起信論考證

主　　編　許嘉璐
著　　者　梁啓超
責任編輯　秦繼華

出 版 者　山西出版傳媒集團·山西人民出版社
地　　址　太原市建設南路21號
郵　　編　030012
發行營銷　0351-4922220　4955996　4956039
　　　　　0351-4922127(傳真)　4956038(郵購)
E-mail　sxskcb@163.com　發行部
　　　　　sxskcb@126.com　總編室
網　　址　www.sxskcb.com

經 銷 者　山西出版傳媒集團·山西人民出版社
承 印 廠　山西出版傳媒集團·山西人民印刷有限責任公司

開　　本　700mm×970mm　1/16
印　　張　8
字　　數　50千字
印　　數　1—3000冊
版　　次　2014年12月　第1版
印　　次　2014年12月　第1次印刷
書　　號　ISBN 978-7-203-08782-3
定　　價　20.00圓

《近代名家散佚學術著作叢刊》編委會

出版説明

近代名家散佚學術著作叢刊選取一九四九年以後未再刊行之近代名家學術著作共一百二十册，編例如次：

一、本叢書遴選之著作在相關學術領域具有一定的代表性，在學術研究方向、方法上獨具特色。

二、爲避免重新排印時出錯，本叢書原本原貌影印出版。影印之底本皆經專家組審定，原書字體大小，排版格式均未做大的改變，原書之序言、附注皆予保留。

三、本叢書分爲八大類，以作者生卒年編次。

四、爲使叢書體例一致，本叢書前言後記均采用繁體字排版。

五、個別頁碼較少的版本，爲方便裝幀和閱讀，進行了合訂。

六、少數學術著作原書内容有個別破損之處，編者以不改變版本内容爲前提，部分進行修補，難以修復之處保留缺損原狀。

七、原版書中個別錯訛之處，皆照原樣影印，未做修改。

八、所選版本之抽印本頁碼標注，起始至所終頁碼均照原樣影印，未重新編排標注新頁碼。

由於叢書規模較大，不足之處，殷切期待方家指正。

總序／

披沙瀝金，以爲鏡鑒

◇許嘉璐

多年來有一個問題始終在我腦中盤桓：爲什麽在十九世紀末到二十世紀初，在短短的幾十年裏，中國的各個學術領域竟涌現了那麽多大師級的人物？這是中國近代史上一個極爲重要的現象，我認爲，如果不能給出令人滿意的答案，我們撰寫的近代學術史將是不完整的，甚至是缺乏靈魂的。後來我知道，著名人類學家克羅伯曾提出過一個問題：爲什麽天才成群地來？看來這種現象的出現並非中國所獨有，思考其所以然的也大有人在。而在那一次世紀之交中國的情況，似乎應驗了「天才成群地來」這個令克氏久久不解的疑問。錢學森先生曾從相反的方向提出了相同的疑問：爲什麽我們這個時代出現不了杰出人才？後來人們稱這個問題爲「錢學森之謎」。

要回答這些疑問不是件容易的事。與其迅速地囫圇地探尋，不如先多了解那些讓中國近代學術（應該包括人文科學和自然科學）史上閃耀着光輝的大師們的作品和自述，從而在腦海里盡量「復原」他們所處的環境和在那種環境下的心理路徑，從中或許可以得到一些啓示。

有一點是顯然的，這就是他們雖然都已遠離塵世而去，但是他們獨立思考的品性、求知治學的真誠、困厄窮愁中對節操的堅守，恐怕是他們共同的主觀因素，一直影響到現在，而且將會永遠留存下去。

就思想界、學術界而言，二十世紀上半葉是一個新説和舊説碰撞，中學和西學融匯的大時代。那時的學人極爲重視言行操守，同時具備現代知識分子的理想信念；他們的學術研究十分純净，絶少功利因素；他們的視界開闊，以包容的心態和嚴謹的風格造就了成果的大氣與厚重。至於在客觀因素一面，他們實際是在用工業化時代的事實解説着太史公所説的名山之作「大抵聖賢發憤之所爲作」，困厄苦難使得他們「皆意有所鬱結」。這種鬱結，幾乎和個人的名利毫無牽涉，他們永遠不能釋懷的，是民族的存亡、國運的興衰、民衆的福禍和文脈的續斷。

那個時代也是近代歷史上最大規模的中西古今學術調適、創新的時期，學術方法上的交互滲透和融合、創新亦可謂「於斯爲盛」。斯時之學人是要在封閉的屋墻上鑿出窗子的勇士，是使人能够看看外部世界的第一批導夫先路者；或者可以説，他們是在「意有所鬱結」時「彷徨」和「吶喊」的「狂人」。

相對於那時的哲人們，後來者是幸運兒。現在的形勢是，近三十年來學界空前繁榮，衆多學科有了長足之進，其中很重要的一點是學界有了更新穎、更廣闊的國際視野，似乎接續上了百年前的學壇盛事。但細想想，「古」與「今」還是有差别的。其异，主要不在於世界情勢、學術進展、工具改善這些客觀存在，而在於在廣泛吸收各國優長的同時，自身文化的主體性越來越受到重視，換言之，「拿來主義」已經延長了「拿來」的程序，加上了試用、甄别、篩選、吸收、融合、成長。就我孤陋所見，在當今地球上，面向所有異質文明，努力汲取我之所缺，其範圍之大和心態之切，似乎無出中國之右者。從這個角度説，我們已經超越了前輩。但是事情還有另外一面，學術，特别是人文學科，其職業化、「沙龍化」和功利性，以及隨之而來的浮躁病却嚴重了。從這個角度説，是不是我們已經後退得够可以的了？而這是不是我們這個時代出不了大師的原因之一呢？

民國學術界的特點之一是極爲注重對傳統的反省、批判與繼承。他們對傳統文化盡最大的努力進行整理和研究。一方面，由於戰亂頻仍，民不聊生，學者們擔起了讓中華文化薪火相傳的歷史責任；另一方面，他們要通過對中國傳統文化的整理、挖掘來重振民族自信心。這一時期對傳統文化進行整理的全面而深入是前所未有的，舉凡文字學、語言學、經濟學、法學、哲學、政治制度、書法繪畫、金石學……規模之宏大，研究之精微，令人嘆爲觀止。

民國學術推動了現代學科體系的建立。在對傳統文化整理和研究的基礎上，吸收西方的文化思想和理念，推動和建立了中國現代學科體系。例如，在對語言文字和音韵學成果進行整理、研究的基礎上開始着手規範之，建立了國語學；深入研究書法、國畫，將其融入了現代美術學科；在廢除舊有學制後逐步建立起小、中、大學較完整的科目和學科體系。

民國學術也改變了傳統學術方式，建立了新的研究範式。以現代科學考古爲發端，科研的實踐和成果使中國知識界真正認識到在實驗、比較基礎上的邏輯分析對學術研究的重要，推進了中國學術的一大演變。至於我們常説的打破士大夫傳統、走出書齋到田野鄉村和市民中進行調查研究、結束了經學時代、以歷史眼光檢視儒學和諸子等等，都是確立新學術範式的努力。這一轉變，也標誌着中國學術界脱胎換骨，全面進入了現代，爲此後的學術發展奠定了堅實的基礎。當然，西方啓蒙運動以來，在「現代性」和「現代化」裏潛伏着的缺陷和謬誤也傳到了中國，這些不能不在前哲的著作裏留下痕迹。這並不奇怪。類似的情况，古往今來孰能免之？猶如今天的我們，誰敢自稱我之所見就是永恒的真理？在這個問題上兩個時代所異者，或許就在昔時大家創立新説或譯註西學著作，往往是懷着對學術和前哲的敬畏而爲之，故而常常誤不在我；當今則往往出於對學問和他人的輕蔑，或以所研究的對象爲謀己的工具，因而難辭主觀之咎吧。翻閲他們的心血之作，這些復雜的狀況可以顯見，可以視之爲我們的一面鏡子。

滄海桑田，世事變幻，歷史的動盪和時代的遮蔽，使當年許多大師的一些極有價值的學術著作被棄於故紙堆中，不能不令人有遺珠之憾。爲此，山西人民出版社不惜以數年之艱辛，披沙瀝金，編輯出版這套近代名家散佚學術著作叢刊，凡一百二十册，計文學、史學、政治與法律、美學與文藝理論、民族風俗、宗教與哲學、經濟、語言文獻共八大類別。所選皆爲作者之純學術著作，無論是其見解、精神，抑或是其時代烙印，都是後輩學人可資借鑒的寶貴財富。他們出版這套叢書，意在讓世人不忘來程，知篳路藍縷之不易，爲民族文化的傳承再增薪木。

出版社的初衷，與我近年來所思所慮近似，故願略述淺見於書端，以與策劃者、編輯者和讀者共勉。

二〇一四年七月六日

改定於自安東回京途中

前言

◇王紹培

近代名家散佚學術著作叢刊是一項重大的學術工程，我接到寫這個序言的指令，誠惶誠恐多日，端的是藐予小子，何敢贊一言。

但我亦深知這是一個重温先賢大哲杰出思想成就的寶貴機會。果然，十余部宗教哲學類著述電子版到手，翻閱起來，雖然難免諸多不便，但静心瀏覽，不能不生感慨良多。這批著作全部都在民國期間出版。最早的一本是梁漱溟的究元决疑論，是商務印書館一九二三年出版的。其餘的大部分都出版在二十世紀三十年代的抗戰爆發之前。想想看，彼何時也，政局動盪不已，軍閥混戰不休，而民不聊生，但學術活動仍然頑强掙扎，開展得如火如荼，且學術質量之高，令人驚訝。

所謂學術質量之高亦不是我輩來信口雌黄。事實上，對於這些前輩學人及其成就，學界早有定評。例如，梁啓超（一八七三年—一九二九年）被公認是清朝最優秀的學者，是一位百科全書式的人物。最難以想象的是在他五十六年的短暫生命中，既積極投身從事大量的政治活動和社會活動，又能在哲學、文學、史學、經學、法學、倫理學、宗教學等領域均有建樹，這是怎麽做到的？曾經看見一則逸聞，説梁啓超每天必打八圈麻將，寫八千字文章，他不少文章是邊打麻將邊口授的，簡直神乎其技了，但不知道真假。本叢書收録的梁啓超的中國學術思想變遷史（商務印書館一九二六年出版）被學人贊許之爲「中國學術史上的垂範之作」。梁啓超在經過革命失敗的過程之後，痛定思痛，得出的教訓是要高度重視學術思想，他説：「學術思想之在一國，猶人之有精神也，而政事，法律，風俗，及歷史上種種之現象，則其形質也。」梁啓超認爲，有新學術思想，就會有新國民，有新國民，就會有新國家新世界。從梁啓超的論述可知，他對哥白尼、培根、笛卡爾、孟德斯鳩、盧梭、富蘭克林、瓦特、亞當·斯密、達爾文等等思想家瞭如指掌。他極爲看重思想言論自由，他認爲「春秋末及戰國」爲中國學術思想的「全盛時代」，而追溯所以致盛的原因，「思想言論之自由」爲其中一個重要的方面。其餘諸多因素，除了「由於蘊蓄之宏富也」與歷史積累有關，其他「社會之變遷也」、「交通之頻繁也」、「人材之見重也」、「文字之趨簡也」、「講學之風盛也」，也都跟社會自由有很大的關聯。現在的年輕人有時或者會覺得清末民初的人物都是老古董，但看看梁啓超就知道，他的思想之新鋭先鋒不在現在很多人之下。正因爲梁啓超把學術思想看得如此之重，因此，該書欲總結中國固有學術思想之得失，以西方文化參補之，從而恢復上古與中古時代「我中華第一也」的學術「最高尚最榮譽之位置，而更執牛耳於全世界之學術思想界」。百年之後，看見這樣的雄心壯志，真是讓人唏噓不已。

再如錢基博先生。現在的讀者如果知道錢基博大概多是因爲錢鍾書的緣故，但錢基博先生本身就是碩學鴻儒，父子同爲大師，此等情形較爲罕見。四書解題及其讀法（商務印書館一九三一年出版）亦是錢基博的代表作之一。四書是儒家傳道授業的基本教材，亦是儒學的重要原典。錢基博説他在四十歲時遇見梁啓超，梁啓超送他一本要籍解題及其讀法，他有不同看法，於是成就四書解題及其讀法一書。錢基博的四書解題，回到朱熹的「大語孟中」的次序，所謂「不先乎大學，則無以提綱挈領，而盡語孟之精微；不參之論孟，則無以融會貫通，而極中庸之指趣」。或則，「先讀大學，以立其規模，次及語孟，以盡其蘊奧，而後會其歸於中庸；蓋以爲學之程序，而第其書之先後也」。衆所周知的是，錢基博不是那種關門閉户死讀書的腐儒，而是心憂天下的君子。就在該書的序言裏，他亦不忘表露初衷：「今四十歲，飽更世患，民治革政，共而不和，争民施奪之既久，寖尋以至今日，又見有專無制，哀哉耗已！末法披昌，人將相食！窮則反本，紬温故書，然後知聖人憂世之情深，仁民之道大也！繕寫既定，而爲考鏡原流，發明指意，於文章典籍之中，得其辨名正物之意，庶幾尼山正名之意云爾！」在錢基博這樣的學人眼裏，做學問跟憂世仁民大有關聯。

這些學者當中，無疑以梁漱溟（一八九三年—一九八八年）的世俗名氣爲最大，在現當代中國歷史上，梁漱溟是一位罕見的絶不阿世媚俗的有風骨的文人。梁漱溟自謂：「我自十四歲進入中學之後，便有一股向上之心驅使我在兩個問題上追求不已：一是人生問題，即人活着爲了什麽，二是社會問題亦即中國問題，中國向何處去……總論我一生八十餘年（指十四歲以後）的主要精力心機，無非都用在這兩個問題上。」梁漱溟曾經兩度自殺，可見其苦悶至深。一九一六年，二十三歲的梁漱溟即寫成究元決疑論，在東方雜誌連載，引起轟動。正因爲是書，二十四歲的梁漱溟被蔡元培校長延聘，進入北大教授印度哲學。關於究元決疑論之緣起，梁漱溟説：「於爾所時，舊執既失，勝義未獲；憂惶煩惱，不得自拔。或生邪思邪見；或縱浪淫樂；或成狂易；或取自經。如此者非財寶事物之所得解，唯法得解……所謂佛學如實論與佛學方便論之二部，前者將以究宣元真，今命之曰『究元第一』；後者將以決行止之疑，今命曰『決疑第二』。世之所急，常在決疑，又智力劣故，不任究元，以是避諱玄談，得少爲足。且不論其所得爲似爲非。究理而先自畫，如何得契宇宙之真？不異於立説之前，自暴其不足爲據。欲得決疑，要先究元。」所謂「究元」，亦即「佛學如實論」，探討宇宙本體問題，揭示佛法的核心教義乃爲「無性」，「無性」亦即「無自性」，世間萬事萬物皆是因緣和合，並無自體自性，如斯則從根本意義上省悟宇宙人生之真相。所謂「決疑」，亦即「佛學方便論」，討論現象界的問題，以究元所得的佛法宇宙人生真諦來認識和指導現實的社會人生。「究元」是佛教立場的本體論，「決疑」是建基於佛教之上的人生觀。欲得決疑必先究元，先解決本體問題，則人生問題就好順勢而爲。值得一説的是，五四時期，中國學術界跟國際社會基本接軌，信息傳遞大體同步。例如，古斯塔夫·勒龐（彼時譯爲魯滂）的各種學説都被悉數譯介，如新物質論甫一翻譯，即被梁漱溟消化，以兹與佛家性空學説參觀對照，按照勒龐的説法，以太是宇宙的本體，以太的「渦動」即爲物質，「渦動」停止物質消滅的過程中派生各種「力」，「力」是同一物的不同形式。梁漱溟認爲以太跟佛家的如來藏或阿賴耶相類似，「渦動」相當於忽然念起，「此渦動便是無明」。除此之外，梁漱溟對各種西方哲學瞭如指掌，例如，他以康德的現象與「物如」（物自體）之分，休謨的不可知論，來印證佛家元哲學之三義：「不可思議義，自然(Nature)軌則不可得義，德行(Moral)軌則不可得義。」復以叔本華的盲目衝動和意欲之説，柏格森的生命哲學來論證「人生基本是苦」的結論，唯有以佛法爲精神支柱，方能安穩自我，清静自守。

相對來説，馮承鈞先生（一八八七年—一九四六年）鮮爲人知。馮承鈞早年留學比利時，後赴法國巴黎大學，主修法律。一九一一年獲索邦大學法學士學位。續入法蘭西學院師從漢學家伯希和。馮承鈞歸國後，曾任北京大學歷史系教授、北京師範大學歷史系教授。馮通曉法文、英文、比利時文、梵文、蒙古文、阿拉伯文、波斯文，兼及古回鶻語、吐火羅語和蒙語八思巴字，並精通中國史籍，在歷史學、歷史地理學、歷史語言學和考古學等方面都有較深的造詣，在史地研究考證方面卓然成家。馮承鈞畢生研究中外交通史和邊疆史，著譯既多且精，是民國時代重要的中外交通史家。馮承鈞從金石書畫以及方誌内裒集了元代的白話聖旨碑，成爲一書，此即元代白話碑，概述元朝白話碑文的歷史背景，並對於元代白話語法加以研究討論。關於歷代求法翻經録，馮承鈞在其叙言中説：「求法傳經二事之重要，已爲西方學者所共知……第此種史料，多散見於釋藏傳記譜録之中。初學不易尋檢。余不敏特爲鳩集舊文，參以新證，凡關於求法翻經之事，皆撮録其要……彙爲一編，名曰求法翻經録。」由此可知，該書是一本資料薈萃之編。

另有兩位不大爲後人所知的學者。一位是江恒源（一八八五年—一九六一年）。江恒源是一位教育家，他的中國先哲人性論是作者一九二四年用八十天的時間寫成的專著，將先秦到明清之際的諸多先哲跟人性有關的觀點、思想娓娓道來。作者認爲，總體來説，中國哲學的起源，和歐洲有點不同。歐洲哲學以「求知」爲出發點，中國哲學以「利行」爲出發點。歐洲人説「哲學起於驚異」，而中國哲學一切以現實認識爲根據……這幾句話要言不煩，道破中西哲學之差異。另一位是熊夢（一九〇二年—一九八三年）。一九三一年，熊夢留學美國華盛頓州立大學，獲經濟學博士學位，回國後任國民黨中央政治會議經濟組專門委員。一九三九年出任沅陵税務局局長。一九四〇年冬掛冠歸里，應聘爲三民中學教務主任。熊夢一生著述頗豐，著有墨子經濟思想史、晚周諸子經濟思想史、江西省財政概況、湖南省財政概況等。其中，晚周諸子經濟思想史算得上是中國經濟史的奠基之作之一。該書綜述道儒法墨四家的經濟思想，同時對百家思想多有論略。

另外三位先生，湯用彤（一八九三年—一九六四年）、朱謙之（一八九九年—一九七二年）、蔡尚思（一九〇五年—二〇〇八年），知名度不大不小，但其實都是極具分量的重要學者。一般認爲，湯用彤是現代中國學術史上少數幾位能會通中西、接通華梵、熔鑄古今的國學大師之一。他的竺道生與涅槃學是其重要的學術著作之一。竺道生是東晉時期的著名高僧，是鳩摩羅什的弟子。竺道生認爲那些斷了善根的人也可以成佛，他又主張頓悟成佛，這些都不是主流的觀點。竺道生是東晉最著名的涅槃學者，他把作爲精緻哲學形態的般若學和粗俗的成佛説教結合起來，着重闡發涅槃佛性説，認爲「真空妙有」契合無間，開創佛教一代新風，因此被尊爲「涅槃聖」。朱謙之是二十世紀著名歷史學家、哲學家和東方學家，亦有「百科全書式學者」的美譽。他年輕時曾經短暫出家爲僧，後來發現，佛教不能實現自己的夙願，因此跟佛門斷絕關係。他主張宇宙人生是一股真情之流。他的中國思想對於歐洲文化之影響（一九四〇年出版）一書的寫作，歷時五年，他自認爲是「最細心結撰的一部著作」。朱先生認爲，東西文化各有其自身的歷史特徵，但是，這並不妨礙它們同時通過各種途徑接受、吸納對方的影響。在十七至十八世紀，中國哲學文化給予歐洲思想界的影響歷歷可數。在十六至十七世紀則以來華的耶穌會士爲媒介，中國哲學文化特别是孔子哲學被廣泛譯介到歐洲大陸，成爲歐洲理性時代來臨的外來思想條件。東西文化的相互影響、接觸，給世界文明帶來了强大的推動力。朱謙之先生的這部重要的著作，對於研究中西方文化史的後來學者，仍然是一座繞不過去的學術高峰。蔡尚思先生是哲學家，亦是中國思想史專家。他出版中國三大思想之比觀一書時是二十八歲，寫成則是二十四歲，而在此前的二十一歲時，他就寫成了研究孔子哲學、老子哲學和墨子哲學的專著。所謂中國三大思想，指的是老孔墨三家。蔡尚思先生將三家思想的方方面面比較對照，細緻而又周全。例如，他認爲老子是藝術的，墨子是功利的，孔子則介乎兩者之間；老子以死天爲主，活人法死天，無爲自然；孔子以天鬼爲名，以君王爲實，視天子嚴君如天帝鬼神；墨子以活天爲主，視死天如活人，兼愛交利……這些比較十分具體，發人深省，後之學者反而不做如此細緻的功夫了。

即使是非常粗略地瀏覽民國學人的著述，也不難發現一點，這些學者何以在年紀輕輕時就已經開始著書立説，而且水準頗高？我們站在新中國的立場回望，覺得彼時天地之舊，但如果他們站在辛亥革命之後前瞻，或許看見的全是風物之新。因此，當時的人或者滿是志氣，要在新天地有所作爲。及至戰亂迭起，他們更是堅定了文化返本開新的決心。從教育的角度來説，當時的精英教育使能够接受教育的人都是英才，而這些教育英才的人和英才自己也都非常珍惜機會，所以成才率顯然比今天高。中外學術思想交流的順利和及時，也是民國學術思想繁榮的一個原因。我們看梁漱溟等人的書，不難發現他們對國外各種思想潮流都瞭如指掌，各家各派的學説都被拿來爲我所用。當然，學術思想的相當自由也保證了這些學者在著書立説時，較少外部顧慮，一心把書寫成、把文章做好就對了。這些其實遠遠不算完美的局面，仍然因爲日本人的侵略而被打斷，内戰的影響也顯而易見。及至新中國建立，學術範式、語言、議題、旨趣等等完全轉型，一個時代就這樣結束了。

因此，今天我們重温民國學人的思想，除了瞻仰他們曾經到達的思想高度之外，也是順便看看，學術思想在一種相對自然而正常的情況下，可以呈現出一種怎樣的風貌，結出怎樣的碩果，而於我們中國人會有怎樣的信心跟鼓勵。值得慶幸的是，二十世紀八十年代開始，我們又回到了一個總體來説學人可以有所作爲的環境中，至於新世紀的學人可以取得怎樣的成就，在很大程度要看個人自己的努力和争取了。

作者簡介

梁啓超（一八七三年—一九二九年），中國近代史上著名的政治活動家、啓蒙思想家、教育家、史學家和文學家、學者。戊戌變法（百日維新）領袖之一。曾倡導文體改良的「詩界革命」和「小説界革命」。其著作編爲飲冰室合集，包括影響後世深遠的中國近三百年學術史、中國歷史研究法、少年中國説等。

序

大乘起信論，舊題馬鳴菩薩造，真諦三藏譯，千餘年來，殆相習無異議。雖然，以歷史上佛教教理發達之順序言之，馬鳴時代，似不應有如起信論一派之圓教的學說。以中國佛教思想派別言之，起信論學說，與專弘攝大乘論之真諦，亦多不相容處。故我國近年善言佛典者對於本論已不免有幾分懷疑，如歐陽竟無居士即其一人也。然懷疑論實不自今日始。隋法經等所著衆經目錄初著錄此論，而以入諸疑惑部。其文曰：

「大乘起信論一卷，人云真諦譯。勘真諦錄無此論，故入疑。」

又，唐均正著四論玄義(註一)云：

「起信論一卷，人云馬鳴菩薩造。北地諸論師云：「非馬鳴造論；昔日地論師造論，借菩薩名目之。」尋覓翻經論目錄中無有也。」

法經衆經目錄之成書，在真諦沒後二十五年，而云「勘真諦錄無此論。」均正年代雖不可考，但既爲唐人，與斯論出世時相去必不遠，顧乃目此爲「昔日地論師所造。」是則馬鳴之著，真諦之譯，在隋唐間本已成疑問，特後世學者不之察耳。 距今十五六年前，日本學界對於此書始發生問題。 初則對於馬鳴著述懷疑，繼則對於真諦翻譯懷疑。 終乃決定其爲支那撰述而非印度撰述，且作者所屬之派別所生之年代亦大略推見焉。 持此說者有三人，曰松本文三郎，曰望月信亨，曰村上專精。 其論文及著書爲吾所見者如下：

松本著起信論考（明治四三年五月）

起信論後語（明治四三年七月）
起信論之譯者與其注疏（明治四三年九月並見佛典之研究）
望月著起信論之作者（明治三五年一月宗粹雜誌）
疑似經與僞妄經（大正六年八月佛書研究雜誌）
關於大乘起信論作者之擬議（大正七年一月宗教界雜誌）
大乘起信論支那撰述考（大正八年一月佛書研究雜誌）
三度論起信論爲支那撰述（大正九年八月哲學雜誌）
起信論學說與占察經之類同及關係（大正九年十一月佛教學雜誌）
大乘起信論之研究（大正十一年三月）（單行本）
村上著對於大乘起信論之史的考察（大正八年十月哲學雜誌）
四度論大乘起信之著作問題（大正九年九月同上）
大乘論（大正十年二月同上）

起信論與華嚴經（大正十年十一月同上）

此問題以望月氏爲中心，而松本氏導之於前，村上氏以斯界老宿翼之於後。當大正八九兩年中（卽民國八九年）日本論壇爲此問題起一激戰，其持反對論者爲常盤大定及羽溪了諦，亦彼都著名學者。吾儕以史家之眼忠實評騭之，則望月派所持，蓋信讞也。望月所著大乘起信論之研究，爲五十萬言以上之一巨帙，此外松本村上二氏所論述，又不下十萬言。吾旣搜而徧讀之，輒擷其精要，且間附己見，助彼張目，以成斯論。吾屬稿之際，有兩種感想浮於吾腦焉：

其一：起信論在思想界價値之偉大，稍治佛學者皆能知之，無待吾詞費。松本氏之言曰：「昔叔本華極口讚美印度奧義書，謂爲「最高人智之所產出。」」（註二）以起信論校彼，有過之無不及也。」斯言雖或溢美，要亦近真。本論自出世以來，注釋者百七十餘家，爲書不下千卷，(註三)其影響於我國民思想之深厚，可以概見。朝鮮日本千年誦習無論矣，逮近世而英譯且有三本，巍然成爲世界學術界之一重鎭。前此共指爲二千年前印度大哲所撰述，一旦忽證明其出於我先民之手，吾之歡喜踴躍乃不可言喻。本論是否脗合佛意且勿論，是否能闡宇宙唯一的真理更勿論，要之在各派佛學中能擷其菁英而調和之以完成佛教教理最高的發展；在過去全人類之宗教及哲學學說中，確能自出一頭地有其顚撲不破之壁壘；此萬人所同認也。而此業乃吾先民之所自出。得此足以爲吾思想界無限增重，而隋唐之佛學，宋元明之理學，其源淵所自，皆歷歷可尋。質而言之，此爲印度文明與中國文明結婚所產之胤嗣，而以克岐克嶷顯於世界。吾輩生千年後，覩此巨大崇貴之遺產復歸本宗，不能不感激涕流也。

其二：此一段公案，爲佛學界空前之大發明，自無待言。然檢諸家之論據，其取材不越全藏，則固吾國人所盡人能讀者也，而發明之業，乃讓諸彼都人士！是知治學須有方法，不然則熟視無睹。近數年來，國中談佛者熾然矣；其純出於迷信的動機者且勿論，卽實心求法者，亦大率東聽一經西繙一論，絕少留意於別派之條貫，往往糅矛盾之說於一爐以自招思想之混亂。吾以爲今後而欲昌明佛法者，其第一步當自歷史的研究始。印度有印度之佛學，中國有中國之佛學，其所宗嚮雖一，其所趣發各殊。謂宜分別部居，遡源竟流，觀夫同一教義中而各派因時因地應機蛻變之跡爲何如，其有矯誣附益者則芟汰之。夫如是，以言修持耶，則能壹其宗尙；以言誦習耶，則能馭繁賾。要之七千卷之大藏，非大加一番整理，不能發其光明；而整理之功，非用近世科學方法不可。日本近十年來，從事於此者漸有人矣，而我國則闃乎其未之聞。吾檢此起信論一段公案，未嘗不驚歎彼都學者用力之勤；而深覺此種方法若能應用之以整理全藏，則其中可以新發見之殖民地蓋不知凡幾。此實全世界學術上一大業，而我國人所不容多讓者也。

吾草創本文，其初不過欲輯譯日本學者所說介紹於我學界而已。既而參考各書，亦往往別有所發明。且日人著作，其繁簡詳略之處多不適於吾國人之檢閱，乃全部重行組織之。雖名迻譯，實不異新構矣。爲行文便利起見，故篇中所述，孰爲望月說，孰爲其他兩家說，孰爲我所新附，不復一一標擧。十一年九月二十六日作始，十月七日成。此十二日中盡廢百事矣。　著者識

（註一）此書中土久佚，日本續藏經第七十四套收有殘本。

（註二）叔本華(Schopenhauer)爲十九世紀上半之德國大哲。奧義書即Upanisad。印度古代哲學之總匯也。華譯爲「優波尼煞曇。」

（註三）望月著大乘起信論之研究書中，內有一部分題曰大乘起信論注釋書解題。千餘年來中國日本關於本論之著述，存者佚者皆略具矣。

大乘起信論考證目錄

大乘起信論考證

新會梁啟超著

前論 研究本問題之豫備

凡相與討論一問題，必須有若干項兩造公認之基本觀念及事實以爲論難公準。苟此種觀念及事實爲對造所未了察或未承認者，必須令彼察焉認焉，吾乃得向彼有所開說。有人於此，對於吸力之理不解或不信，吾與之言地動非靜，彼終不能聽也。有人於此，對於東晉晚出之僞古文尚書堅信爲三代遺著，吾與之辨證古代史跡，將無從措辭。今吾儕以歷史的眼光談佛教，中間有許多觀念及事實，與疇昔一般佛教徒所信者甚相懸絕。彼輩若執舊說以相稽，則吾儕惟有結舌而已。

吾故於討論本問題之前，先提出數項根本意見以諗讀者。讀者如不承認此等意見，吾儕當別爲專篇相與上下其議論。惟讀吾此文時，則望其在此等根本意見之範圍內心以察本問題之真相云爾。

第一　吾儕須承認：思想之發展變遷，有不容躐進之階級，而且恆有時代背景映乎其後。　某種思想非其時代所必須要者則不會發生；而一種思想既發生，則必影響於後此思想界；後起之思想家，只有對於前輩之思想，或駁辯引申以求繼長增高，而斷不會冥然若無所覺察。　此實各國思想史所同然，佛教史亦斷不能獨違此公例。

第二　循此公例以觀察佛教史，則可分爲下列之六階級：

(一)佛在世時及佛滅後百年內派別未分時之思想。　以四阿含經等爲其代表。（二）佛滅後百餘年至五百餘年分爲二十部派而「一切有部」保持其正統的地位時之思想。以大毗婆沙論各家阿毗曇論及其論中所述諸派之異說爲其代表。（三）佛滅後六七百年龍樹提婆等提倡實相派大乘時之思想。以般若，法華，涅槃諸經；中，百，十二門，大智度諸論；爲其代表。（四）佛滅後八九百年無著世親等提倡唯心派大乘時之思想。以楞伽，密嚴，華嚴諸經；十地，顯識，攝大乘，顯揚聖教，瑜伽師地諸論；爲其代表。（五）佛滅後千年千一百年護法清辯等兩派大乘互諍時之思想。以成唯識論，大乘掌珍論等爲其代表。（六）佛滅後千二百年密教興起時之思想。以各種陀羅尼經呪等爲其代表。

第三 既承認有此階級，則不能不承認現行佛經，並非同一時代之產物。大藏七千卷，以經名者居泰半；各經標題皆冠以「佛說」二字，篇首皆有『如是我聞一時佛在……』之語句，向來佛教徒總以爲所有一切經皆釋迦牟尼「金口親說。」其實不然。般若法華等經，決爲法救脅比丘馬鳴諸人所未嘗見；楞伽密嚴等經，決爲龍樹提婆諸人所未嘗見；各種陀羅尼經，決爲無著世親諸人所未嘗見。非不見也，蓋當時未有此類經存於世界。

第四　聞此說者必大駭且怒，謂吾儕全中「大乘非佛說」之毒；謂果如此，則經典十之七八皆後人僞造，則佛教徒豈非成爲「大妄語」者！實則不然。佛教義有一最特別之處，曰：「依法不依人。」只須對於佛所了解之正法能與佛一般的同其徹底了解，其人卽等於佛，其人之說卽可認爲佛說。

且如大毗婆沙論一書，乃佛滅後六百年時一國王召集許多學者開大會編纂，其成立歷史昭昭在人耳目；而論首發端云：「問大毗婆沙誰所說？答：佛所說。」又如瑜伽師地，大乘莊嚴，辯中邊，決定藏諸論，明明爲無著所述。而標題曰「彌勒菩薩造。」蓋佛教徒確信自己所說與佛意契合與先輩意契合者，則將自己著作指爲佛說指爲某先輩說，並不以妄語論。若必以佛「金口親說」始能稱佛說耶？則豈惟大乘非佛，即小乘亦非佛。何也？佛非如刪詩書定禮樂之孔子；彼畢生未嘗著書；凡佛經皆出後來佛弟子之手。即最早出之四阿含，亦佛滅百年後乃始著諸竹帛耳。是故吾儕當承認各種佛經，乃佛滅後千年間次第成立，而各與其時代背景相應。

第五　既承認此說，然則某經先出某經後出，從何處推定耶？答曰：此在印度史上覓確證甚難。（因印度人思想爲超時間的，故歷史的觀念薄而資料混）惟有一法焉，曰：由中國傳譯年代可以推出相當的標準也。例如羅什等譯般若法華，正龍樹派大乘在印度全盛之時，故知般若法華與龍樹派年代相當且有關係。菩提流支譯楞伽，正無著派大乘在印度全盛之時，故知楞伽與無著派年代相當且有關係。此亦如吾國近年之譯歐書，必譯其時代流行之新作品。故我國七百年中之翻譯史，認爲印度千年間思想史之縮影，當無大過。既承認佛教思想爲有階級的發展；而其階級又有相當之標準可以考索；則按照此標準以評量某書之出於何年代，又當無大過。

第六　吾儕須承認：現行佛典僞書甚多。佛典之傳譯，至兩晉南北朝而始盛；而其時正吾國僞書出沒猖獗之時，如僞古文尚書僞家語僞孔叢子僞列子之類，盡人所能知也。佛教界亦爲此習氣所傳染，僞妄紛出。觀諸家經錄所載之疑僞品，(註一)便知其概。內中如最有名之開元釋教錄，其列入疑惑類者十四部十九卷；僞妄類者三百九十二部一千五十五卷。其數量之鉅，真足使人一驚。佛典中所以多僞本，其原因不一，今避冗沓，無暇多論。要之此爲公然之事實，吾輩萬不能不承認。既有此事實，則吾輩以學者的嚴正態度，對於形跡稍可疑之書，不肯輕輕放過，亦固其所。

第七．吾儕對於此許多僞書，當操何術以窮其僞耶？若每書爲各別的研究，自有考證家通用之公例，如所謂事證理證正證反證旁證等等。（如本文下方所用諸法）若爲大量的粗糙的研究，則亦有較簡便之一法焉，曰：先研究諸家經錄之價值，擇其鑑別最精者而信之。　吾今獨舉一簡易之標準以諗讀者曰：梁以前書，宜信祐錄；（僧祐出三藏記省名）隋以前書，宜信法經錄；（法經隋衆經目錄省名）隋以後唐以前書，宜信開元錄。（智昇開元釋教目錄省名）而其最不可信者莫如長房錄。（費長房歷代三寶記省名）蓋僧祐法經智昇，皆極淵博極謹嚴之學者，費長房則愚而武斷。　道宣嘗評其書曰：「瓦玉襍糅，真僞難分。」（續高僧傳卷二）是故長房錄所列真書，萬不可遽信爲真；而祐錄法經錄開元錄三錄中有一錄將某書列入疑僞者，則什有九必僞。此治「佛教目錄學」者所宜留意也。（註二）

第八　以上七段，一面說明佛家著作標題某人說某人造者不必悉認爲歷史上事實；一面說明兩晉六朝時僞書甚多而佛典爲尤甚。此外尤有中國人之特性應附論者。中國之多僞書，固無庸爲諱；然僞書種類亦至不同。有本人故意作僞以惑人者，亦有本人並非作僞，而後人附會以成其僞者。吾先民往往有極偉大極優美之創作，而不好以其名示人。周易卦辭爻辭作者誰耶？周禮作者誰耶？老子五千言作者誰耶？古詩十九首作者誰耶？孔雀東南飛作者誰耶？木蘭詩作者誰耶？水滸傳，紅樓夢，西遊記，鏡花緣作者誰耶？有幾經考索而大略得其主名者，有至今卒不能得其主名者。後人賞其作品而不能得其主名，有好事者，則姑以歸諸前時代或同時代最負重望之人。例如周易歸諸文王，陰符歸諸周公；乃至漢碑之美者歸諸蔡中郎，唐畫之精者歸諸吳道子。既有此說，則後之著錄者踵而襲之。信以爲真，固不可也；以作僞之罪加諸作者焉，尤不可也。吾以爲我國有價值之創作，如此類者甚多，考證家切勿忘却此點，庶幾評騭古人無枉無濫也。

第九 最後當知吾國思想界有一最大特色焉，曰：好調和且善調和。姑置他方面，專言佛學界：佛學派別變遷之複雜，既如前述，其在印度，各派恆極端抗執以是其所是而非其所非。故小乘家昌言「大乘非佛，」大乘家亦儕小乘於外道。即大乘空有二宗之諍，亦幾互視爲異端而不相下。中國不然：中國人譯出無數經典見其有許多矛盾之處，則爲判時判教（註三）之說或用其他方法調停之；而常以觀其會通爲鵠。此種精神之長短得失，別爲一問題，然其爲中國特有之民族精神，則事實也。故凡著作之專以此種精神爲職志者，其與吾國人之關係何若，可得而推也。

以上所述，爲吾研究佛學根本方法之一部分，驟視之若與起信論問題無何等關係。然若非承認吾此數項意見，則吾下文所考什有九爲無據。故不避「博士買驢」之誚，述其梗概如右。讀者無論對於此意見或贊或否，吾願其姑以此爲基礎，更讀本文。

（註一）看梁僧祐出三藏集記卷五所載安公疑經錄；隋法經衆經目錄中之大小乘經律論疑惑並僞妄錄；隋費長房歷代三寶記卷十五所載之疑經妄作錄；隋彥琮衆經目錄卷四所載之疑僞錄；唐靜泰衆經目錄卷四所載疑惑及僞妄錄；唐道宣大唐內典錄卷十所載歷代所出疑僞經論錄；武周明佺之衆經目錄卷十五所載僞經目錄；唐智昇開元釋教錄卷十八所載疑僞再詳及僞妄亂眞錄；唐圓照貞元新定釋教錄卷二十八之疑惑及僞妄錄。

也。

(註二)晉以前僞書，經道安甄別綦嚴。卽祐錄中所引安錄云云是也。祐錄純用安公精神，故甚好。法經錄凡梁以前之書多採祐錄，以後則根據當時各譯家之專錄加以考證，故亦甚好。至費長房一味炫博，取安祐經三公會經考證定其僞妄者一切收入，於是大壞。道宣之內典錄雖加芟汰，而未能盡。明佺之武周錄，又取道宣所已汰者復入之。開元錄雖加重汰亦不能盡。此諸家經錄沿襲釐革之大凡也。

(註三)判時判教之業，起於南北朝，完於隋唐，所謂「南三北七」之判法。如天臺判藏通別圓四教，賢首判小始終頓圓五教，其最著也。此論在印度極罕見，如成唯識論發端有之，其爲護法之說抑玄奘之說蓋待考。

本論上　從文獻上考察

從文獻上考察者，今本大乘起信論，題爲馬鳴造真諦譯，吾儕則從馬鳴真諦二人之史料上考察其與起信論之關係何如，又從起信論本身史料上，觀察其此兩人或他人之關係何如。此本章研究之大凡也。

一　起信論果馬鳴造乎？

馬鳴者誰歟

佛徒所豔稱之馬鳴，大率謂生於龍樹前百餘年，爲大乘教義中興之第一人物。而馬鳴之所以獨享此盛名者，則正以其造大乘起信論云爾。其實馬鳴是否歷史的人物，抑僅爲神話的人物，尙有問題。藉曰果有此人是否屬於所謂大乘派者，又成問題。藉曰信爲大乘家，其曾否有關於哲理的著述，又成問題。各書中關於馬鳴之記事，其重要資料，如：姚秦時鳩摩羅什所譯馬鳴菩薩傳；如元魏時吉迦夜等所譯付法藏因緣傳；如陳時眞諦所譯婆藪槃豆（世親）傳；如唐元奘著大唐西域記；如唐義淨著南海寄歸內法傳。此外尚有達拉拏達著之藏文印度佛教史。（註一）（省稱西藏傳）若取此諸書比較研究，則馬鳴之時代與事蹟，殆令吾儕彷徨不知所指。試列舉其異說如下：

一，馬鳴與迦旃延同時。此說出世親傳。果爾，則馬鳴爲佛紀第三紀時人。蓋迦旃延爲造發智論之人，生於佛滅後三百年也。

二，馬鳴爲脅比丘弟子與迦膩色迦王同時。此說出馬鳴傳；而世親傳亦一部分相同。果爾，則馬鳴爲佛紀第六紀時人。蓋迦膩色迦王爲結集大毗婆沙論之護法者，脅比丘爲結集領袖，其時當佛滅後約六百年也。

三，馬鳴爲富那奢弟子。此說出付法藏傳。果爾，則馬鳴爲第六紀稍後之人。蓋富那奢爲脅比丘弟子，馬鳴於脅爲再傳矣。

四，馬鳴爲提婆弟子，與提婆童受同時。此說出西藏傳及西域記。果爾，則馬鳴爲佛紀第七紀以後人。蓋提婆卽百論之著者，爲龍樹弟子；童受爲經量部論師，年代亦與龍樹相接也。

以上所述，皆比較的可信之書籍，然而異說百出已若此。於是有爲調和說者，如梁僧祐出三藏集記中之薩婆多部目錄記印土佛法傳授，有所謂前馬鳴後馬鳴者，一在龍樹前，一在其後。甚者如僞妄之釋摩訶衍論，（看下文註五）造爲六馬鳴之說，最早者與佛同時，最後者在佛滅九世紀。以異說太多之故，致歐洲學者或疑其人爲子虛烏有。（註二）此雖太過，然馬鳴爲印度學者來歷最不明之人，固無庸爲諱矣。以吾所信，馬鳴固必有其人，但只有一人，並無所謂前後。其人之年代及事蹟，仍以羅什所譯馬鳴傳爲近真。大抵與脅比丘有淵源，而小乘「一切有部」中之一重要人物也（註三）

馬鳴之著作

今藏經中題馬鳴著述之書凡八種：除起信論外，尙有大莊嚴論，佛所行讚，大宗地玄文本論，事師法，十不善業道經，六趣輪迴經，尼乾子問無我義經之七種。後五種宋元以後始入藏，書既晚出，而辭義又鄙劣，其真僞殊不足爲馬鳴輕重。今所當研究者前三種而已，

吾儕所最不可解者，則所有一切關於馬鳴傳記之資料，從

未有一字道及此人之曾著起信論也。最古之羅什譯馬鳴菩薩傳，但言其「博通衆經，明達內外，才辯蓋世，四輩敬伏。」未嘗言有何種著作。世親傳述大毗婆沙結集時事云：

「馬鳴菩薩，文宗學府，先儀所歸。迦旃延子遣人往舍衞國請馬鳴爲製文句。馬鳴既至罽賓。迦旃延子次第解釋……義意若定，馬鳴隨卽著文。經十二年，造毗婆沙方竟。」

果如此說，則馬鳴爲太毗婆沙論潤文之人。毗婆沙爲小乘一切有部寶典，其書現有全譯，（玄奘譯二百卷）其思想內容與起信論懸隔至若何程度，凡治佛學者當能知之。謂兩書同出一人，吾之淺陋，未之敢聞。今且置是：馬鳴曾否參與婆沙之編纂，本屬疑問，則或不足持彼以破此。最可異者，著世親傳之人非他，即世共指爲起信論譯主之真諦也。（註四）馬鳴若曾著起信論，他人或不知，真諦不容不知。乃非惟不一敘及，且以列諸大乘公敵之一切有部中，寧非怪事！

西藏傳盛稱馬鳴文學之美，謂其作多數讚佛之偈，內中百五十頌爲最勝，歌舞伶人，皆傳誦之。歷代三寶記卷一引薩婆多記云：

「馬鳴菩薩，佛滅後三（五？）百餘年，出家破諸外道，造大莊嚴論數百偈，盛弘佛教。」

義淨南海寄歸傳云：

「尊者馬鳴，造歌詞及莊嚴論，並作佛本行詩。……意述如來始自王宮終乎雙樹，一代佛法，並緝爲詩。五天南海，無不諷誦。」

其所謂莊嚴論，卽今藏中鳩摩羅什所譯十五卷之大莊嚴經論；所謂讚佛百五十頌及佛本行詩，卽今藏中曇無讖所譯五卷之佛所行讚經也。　若馬鳴果曾著起信論，其價值當然遠在彼二書之上，何以竟無一言道及，寧非怪事！

此外如付法傳如西域記等，述馬鳴軼事不一而足。　內中西域記爲玄奘自記所歷，凡印度名家著論之地，詳細備載；而獨於此震古鑠今之起信論，無一言道及，寧非怪事！

馬鳴既爲龍樹先輩；龍樹學問之博，古今罕匹，據本傳稱其「誦三藏盡通諸深義，乃周遊諸國，更求餘經。」　若馬鳴曾著起信論者，龍樹決不容不見。　龍樹之大智度論，對於先輩學說如迦旃延，如婆須蜜，如脅比丘，……等等，證引綦多，乃獨於所謂大乘中興元勳之馬鳴，及其精華所聚之起信論，

無一言道及，寧非怪事！（註五）

爲之說者曰：據薩婆多記所稱，第十一祖馬鳴以後，尙有第十六祖之後馬鳴，起信論之著者爲後馬鳴，固宜爲龍樹所不及見。吾儕不承認馬鳴有前後，旣如前述。（欲證明此說，尙須爲種種考據，今避繁不具述。）就令讓一步，果有後馬鳴其人者曾著述起信論，其書最少亦當在護法清辯兩論師前早已存在。（註六）護法之成唯識論，對於先哲及時賢論緣起之各種學說，一一加以批評，略無所遺；清辯之大乘掌珍論亦然。乃獨於此主張真如緣起作大師子吼之馬鳴起信論無一言道及，寧非怪事！

起信論非馬鳴著也

反對論者若對於以上各問題，不能予吾儕以滿意之答辯，吾儕敢斷言曰：起信論非馬鳴著也起信論非馬鳴著之真正理由，當於次章論教理時更極言之。然即此文獻上之考證，固已足摧伏馬鳴造論說而有餘。據吾儕所揣度，則馬鳴乃一文豪而非學者也。其所著莊嚴論，恰如今古奇觀一類之小說，將四阿含中故事——最著者如賴和羅吒經等，點綴附益之，加以文學的趣味，令讀者愉悅感動。其所著佛本行讚，恰如但丁之神曲，彌爾頓之失樂園詩，全寓宗教信仰於詩歌之中。此兩大名著，皆發揮其極優美極偉大的藝術天才，使佛教變爲平民化。吾儕今讀譯本，猶躍躍神動，則當時感化力之大，可以推見。馬鳴之有功佛教及其獲享盛名皆以此。以云教義耶，則所演者不外「三法印」之常談，視婆沙俱舍成實尚遜數籌，更無論三論無論唯識也。若更許吾爲大膽的結論，吾直謂馬鳴爲小乘魁傑，而與大乘絕無關係。若勉求其關係者，只能謂後此大乘文學，由彼間接開拓耳。今以思想界博大精深之作如起信論者嫁名於此人，此無異以春秋繁露歸諸屈原，以純粹理性批判歸諸索士比亞也。

(註一) 達拉拏達者，西歷十三世紀時之蒙古人，用西藏文著此書，記印度史實。一八六九年，德人西布拏者，譯成德文，在俄京出版。所述皆西藏口碑，在佛教史上有相當價值。

(註二) 荷蘭人克倫(Kern)所著佛教史以一八八四年出版者，謂：「馬鳴非歷史的人物，不過神話上大自在天之化身耳。」蓋因馬鳴史料之紛歧，致生此怪論也。

(註三) 日本近出雜誌宗教研究有寺本婉雅著關於馬鳴復迦膩色迦王書一文。蓋著者從西藏佛藏中丹殊爾部第九十四函，發見馬鳴此書，全篇從藏文譯成日文。此書若不僞，則馬鳴爲脅比丘弟子與迦膩色迦同時，殆無疑矣。從來關於馬鳴之聚訟，或可結束也。

（註四）世親傳是否出眞諦手，亦屬疑問。但以理度之眞諦爲輸入世親學說之第一人，爲之作傳，似屬可信。

（註五）有所謂釋摩訶衍論者——金陵刻經處有刻本。舊題馬鳴菩薩造，龍樹菩薩釋，姚秦時譯。此書若眞，則龍樹非惟曾見起信論，且親爲之注釋矣。然此書實唐末妄人僞作，殆不值一噱。吾當於篇末附論之。

（註六）護法清辯兩師，略與眞諦同時。當時龍樹世親兩派學說之代表也。

二　起信論果眞諦譯乎

眞諦傳譯說之異同

眞諦，中天竺人，以梁陳來遊，譒譯攝大乘，俱舍，唯識，中邊，三無性，佛性諸論，實輸入世親無著派教義之第一人也。道宣續高僧傳有傳。據傳彼以梁大同十二年（四五六）入中國，太淸二年（五四八）至建業。陳太建元年（五六九）卒，凡在中國二十三年。其書以晚年在廣州譯出者爲多。道宣論之曰：『自諦來東夏，雖廣出衆經，偏宗攝論。』又記當時俗僧抵軋之言謂：『嶺表所譯衆部．多明無塵唯識，言乖治術，有蔽國風。』斯皆足證明眞諦之學爲純粹的世親派。故其門下士宗習所譯攝大乘論成爲『攝論宗』也。顧最可異者，道宣於此煌煌二千言之眞諦傳中，竟未道及其翻譯大乘起信論一事！

起信論之初著錄於經錄，始自隋法經之衆經目錄。此書爲隋開皇十四年（五九四）所編纂，實眞諦卒後之二十五年也。其文曰：

「大乘起信論一卷。人云眞諦譯。勘真諦錄無此論，故入疑。」越三年即開皇十七年，費長房撰歷代三寶記。其卷十一真諦條下云：

「大乘起信論一卷。梁太清四年在富春陸元哲宅出。

起信論疏二卷。太清四年出。」

自是始確認此論爲真諦譯，其譯年譯地皆舉出，且謂諦親爲作疏。越五年即隋仁壽二年，彥琮等重定衆經目錄，所謂二卷之疏，芟而不錄。其文云：

「起信論一卷。陳世真諦譯。」

是以此論歸諸真諦，惟譯時則陳世而非梁世。此後大唐內典錄，武周刊定衆經目錄等，皆全襲長房錄之文。至唐開元十八年（七三〇）智昇等所編開元釋教目錄（卷六）則云：

『大乘起信論一卷。馬鳴菩薩造。真諦三藏譯。梁承聖二年癸酉九月十日，在衡州始興郡建興寺出。』認此書爲譯自梁代，與長房錄同；惟其譯年與譯地則全異。又前此諸錄，皆記譯主，不記論主；明言此論爲馬鳴造，實自開元錄始。

開元錄所記譯時譯地，蓋採自本論篇首之一序。其序舊題「揚州智愷作。」其文云：

「……昔梁武皇帝遣聘中天竺……取經並諸法師。遇值三藏拘蘭難陀，譯名真諦。……時彼國王，應卽移遣法師。……來朝而至。未旬便值侯景侵擾。法師……暫停而欲還反。遂囑值京邑英賢慧顯智韶智愷曇文與假黃鉞大將軍太保蕭公勃，以大梁承聖三年歲次癸酉九月十日於衡州始興郡建興寺敬請法師……翻譯斯論一卷，玄文二十卷，大品玄文四卷，十二因緣經兩卷，九識義章兩卷。傳路人天竺國月支首那等，執筆人智愷等。首尾二年方訖。……」

其與此段記事略相出入者則法藏大乘起信論義記卷一云：

「真諦……以梁武帝太清二年歲次戊辰，見帝於寶雲殿。帝敕譯經，即以太清二年訖承聖三年歲次甲戌，於正觀寺，譯金光明經彌勒下生經，大乘起信論等，總一十一部，合二十卷。此論乃是其年九月十日與京邑英賢慧顯智愷曇振慧旻等，並廣鉞大將軍太保蕭公勃等，於衡州建興寺所譯。沙門智愷筆受，月婆首那等譯語。並翻論旨玄文二十卷。……」

右兩文所記，大同小異。然皆詳敘譯時之年月日，譯地之某郡某寺，共譯之人名，同時並譯之經卷，纖悉畢備。驟讀之蓋若南山可移此案不可動矣。雖然，按諸史實果何如者。

眞諦果曾譯起信論乎

按以上諸說，或云梁譯，或云陳譯；梁譯之中，或云太清，或云承聖；其譯地，或云富春，或云衡州。枝節糾紛，莫可究詰，兩不俱是，必有一非，實則兩俱虛構而已。今請一一抉而破之。

篇首智愷之序，宜若可認爲最有力之證據。蓋如彼所說，愷實筆受此論之人，自道當時事實，寧更舛誤。然此序非智愷作，吾儕所不憚斷言也。(註二)智愷爲諦門第一高弟，曾對翻諸經論，此事實也。然愷之遇諦，實在諦晚年流遇廣州之時。據諦傳，諦之至廣州，在陳文帝天嘉三年十二月。愷於其後，躡跡南來。續高僧傳法泰傳云：

「有天竺沙們真諦挾道孤遊，……將旋舊國，途出嶺南，爲廣州刺史歐陽頠固留。……泰與智愷等不憚艱辛，遠尋三藏。於廣州制旨寺筆受文義。……」

又云：

「愷往嶺表奉祈真諦。……乃對翻攝論，躬受其文；七月之中，文疏並了，都合二十五卷。後更對翻俱舍論，十月便了，文疏合八十三卷。諦云：「吾早值子……無恨矣。」……」

天嘉三年上距承聖四年凡九年，若其時諦愷已合并，則所謂「不避艱辛奉祈嶺表，」所謂「吾早值子無恨」等語，寧非夢囈！愷從弟曹毗（愷俗姓曹）亦及諦門，爲攝宗大師，著有真諦傳。（註二）竊意道宣續高僧傳之傳諦愷二公，取材當出毗本。倘有諦愷對譯起信之事，諦傳不言，愷傳亦當言之，而兩傳皆無一語道及何也？推作僞者之意，蓋以本論來歷不明，爲世詬病，如法經均正之流，久有微詞。於是更以對譯之業託諸諦門龍象智愷其人者，僞爲此序以取信，而不知乃適以彰其僞也。

此僞序出於何時耶？吾以爲最早亦當在費長房以後何則？使此序而爲長房所曾見者，以彼文所敘時日地點等等如彼其周悉，則長房錄中「太清四年陸元哲宅」之異說，必無從生也。

此序與法藏義記孰爲先後，誰實襲誰，倘難懸斷。此兩文者，其事實是否正確，容俟下文再論，卽其文義，固已無一可通。

義記云。「以太清二年訖承聖三年譯……大乘起信論等，……此論乃是其年九月十日……所譯，」「太清戊辰至承聖甲戌前後凡七年，所謂其年者何年耶？既云「於正觀寺譯諸經，」而下復云「與京邑英賢……等於衡州建興寺」譯本論，究爲正觀耶建興耶？衡州耶京邑耶。僞序云：「遂囑值京邑英賢……以承聖三年……九月十日於……建興寺敬請法師……翻譯斯論……首尾二年方訖。」「遂囑值」三字成何等語？「承聖三年敬請譯論二年方訖，」然則此論究爲承聖三年出耶，抑太平元年出耶？凡此之類，無一處而不自相矛盾。此無他故，蓋以先無故實之事，而欲造爲年日地點以實之，故不得不爲游移兩可之語氣以自遁，而不知其心勞而日拙也。(註三)

今且置文義，切談事實。舊傳起信論譯時譯地，有極矛盾之兩說：一爲費長房之太淸四年富春陸元哲宅說；一爲法藏等之承聖三年衡州建興寺說。時之相距五年，地之相隔千里。兩說果孰可信耶？吾儕細讀真諦本傳及其諸弟子傳而知其說之皆誣也。大抵真諦一世翻譯事業，皆在陳天嘉三年流寓廣州以後，其在梁朝，所就實寥寥無幾。法泰傳云：

「真諦挾道孤遊，遠化東鄙。會虜寇勍殄，僑寓流離。一十餘年，全無陳譯。」

此文「全」一字，雖稍過當，然在梁代所譯甚希，略可推見。該傳又云：

「於廣州制旨寺，……前後所出五十餘部，……皆此土所無者。……至陳太建三年，泰還建業，并齎新翻經論，創開義旨，驚異當時。」

查法經錄所載真諦譯本五十□部。法經鑑裁精審，竊疑諦所真譯，已盡於斯。　而什九皆出陳世，則在梁更能有幾？（註四）所以然者，全由梁末大亂，不能安居。據本傳：諦以太清二年閏八月始抵金陵，而侯景之禍旋起。故傳云：

「帝欲傳翻經教……屬寇羯憑陵，法爲時崩，不果宣述。」

自是避亂四方，遑遑靡聘。傳云：

「乃步入東土，又往富春。令陸元哲創奉問津，將事傳譯。翻十七地論，適得五卷。而國難未靖，側附通傳。……於斯時也，兵饑相接，法幾頹焉。會元帝啓祚，承聖淸夷。乃止於金陵正觀寺，翻金光明經。三年二月，還返豫章。又往新吳始興。後隨蕭太保度嶺至於南康，棲遑靡託。逮陳武永定二年七月還返豫章。又上臨川晉安諸郡。真諦雖傳經論，道缺情離。本意不申，更觀機壞。

遂欲汎舶往棱伽修國。　道俗虔留，遂停南越。……」以上敘真諦在梁數年間之經歷，大略可稽。　其在富春陸元哲宅，雖不知流寓幾時。　但觀其翻百卷之瑜伽，（十七地論卽此後玄奘所譯瑜伽師地論之一部）僅五卷而中輟，則他書不能從事可知。　費長房謂起信出自彼時，殆不近情。　承聖以還，出品僅有金光明一經可紀。　及其隨蕭太保，又傳所謂「棲遑靡託」者也。　法藏謂起信於彼時出，毋乃滑稽。　卽讓一步，謂此區區一卷之書，雖轉徙中亦隨時可譯。　然而起信一册，實論中王；諦既就此大業，其欣慰當何似者，而乃云「本意不申更觀機壞」耶？　且既信長房錄，必於其所錄中所載十六部四十六卷者而並信之；既信僞序，則必於其所附記之玄文二十卷等而並信之；是則諦在梁時所譯已垂百卷。　弘法之願，亦庶幾矣，乃更失意欲歸，豈復人情！　吾儕若對於本傳稍加研究，則知太清富春與承聖衡州兩說皆不能成立也。

要之法經衆經目錄，爲經錄中最可信任之書。（註五）彼去真諦年代甚近，親勘諦所譯書目，確無所謂起信論者。著續高僧傳之道宣，爲初唐碩學。　其傳真諦乃據諦弟子曹毗所撰諦傳，而於譯起信論之爾許大業，若一無所聞見。　若反對派於此兩大鐵證不能予吾儕以滿意之駁辯，吾儕敢毅然曰：大乘起信論非真諦譯也。

（附言）望月氏就眞諦譯書用語上觀察；列舉多數同一梵文之術語，而起信論所譯與攝大乘論佛性論金光明經不同者。　亦足爲起信論非出眞諦手之一反證。　文繁不具引。

起信論梵本問題

據以上所考證，起信論作者非馬鳴，譯者非真諦，殆成信讞。然則將爲印度不知誰何之所著，而中國不知誰何之所譯耶？吾儕推敲至此，忽引起一新問題：則現存之起信論不止一本，除所謂「梁譯」之外，更有實叉難陀之「唐譯」也。唐譯亦有一序，不著作者姓名。中云：「此論東傳，總經二譯。初本卽西印度三藏法師波羅末陀，此云真諦以梁承聖三年歲次癸酉九月十日於衡州始興郡建興寺共揚州沙門智愷所譯。此本卽於闐國三藏法師實叉難陀齎梵文至此；又於西京慈恩塔內獲舊梵本；與義學沙門荊州弘景崇福法藏等，以大周聖歷三年歲次癸亥十月壬午朔八日己丑，於授記寺與華嚴經相次而譯；沙門復禮筆受，開爲兩卷。然與舊翻時有出沒。蓋譯者之意，又梵文非一也。」

此文前半，全引舊譯僞序，其妄旣如前辨。後半述新譯年代地點等等似甚確鑿，實則全屬虛構。望月氏辨之極詳。（原著一〇〇至一〇四葉）今恐讀者生厭，不復具引。質言之，則實叉難陀並無重譯起信之事；聖歷癸亥，決無譯起信之餘裕；法藏決未嘗參預譯場。凡此皆可從史料中得極確之反證也。讀者若有餘興，可取原著案之。抑吾更有數語助望月張目者：該序謂因『梵文非一故與舊翻時有出沒。』此在他經論之有重譯者或然，而起信則決不爾。今兩本具在，吾儕皆讀之爛熟，吾實苦不能見其互相出入之點何在也。因此益可證明所謂新譯者不過將舊譯改頭換面，絕無所謂新齎梵本。何也？以梵本本來無有也。本無梵本，而新序沾沾然以梵本相矜示至再至三，此俗諺「此地無銀三十兩」之類也。

無梵本之旁證尚有乎？曰，有。至元法寶勘同錄卷九起信論條下云：「此論西藏藏經中缺。」至元錄爲元代將中國西藏兩藏互勘編著。據彼則西藏無此論甚明。藏文經典，視華文有多無少，乃獨於此鼎鼎大名之馬鳴傑作闕焉，毋亦以梵本本來無有也。

於此又引起一更有趣之問題：開元釋教錄卷八玄奘條下云：

「以起信一論，文出馬鳴。印度諸僧，思承其本。奘乃譯唐爲梵，通布五天。斯則法化之緣，東西互舉。」此文直接引用續高僧傳卷四玄奘傳篇末之文，一字不易。此說若真，則印度人得讀起信論，乃出玄奘由唐譯梵之賜，寧非大奇。　日本學者對於此段故事，望月信之，松本疑之。　吾蓋左袒松本說。（註六）蓋續高僧傳之玄奘傳，全取材於慧立之慈恩傳，而慈恩傳中並無此文也。　**然假令此說而真，則起信論之非馬鳴著與非真諦譯乃愈不可掩**。　何則？　玄奘留學印度，正值那爛陀大乘全盛時代，何至於開創大乘之馬鳴唯一名著，竟爾亡佚！　若曰以年湮代遠故佚耶？　真諦來中國在五四八年，玄奘往印度在六二九年，相距不滿百歲。　真諦猶能有梵本攜來，迨玄奘時，而其本忽絕跡於五印，天下寧有此情理！**從可知印度自始本無所謂起信論其物者**。　**藉曰有之，則玄奘從中國販輸以往耳**！

然則作起信論者誰歟

準此以談，則起信論既非馬鳴作，亦並非印度不知誰何之人所作；既非真諦譯，亦並非中國不知誰何之人所譯。然則如之何？則惟有中國人創作一之途耳。

此說雖駭人聽聞，然昔人固已有言之者。珍嵩探玄記卷十云：「馬鳴起信論一卷。依漸刹經二卷（註七）造此論。而道宣師目錄中云此經是僞經；故依此經之起信論，是僞論也。」

又均正四論玄義卷十云：「起信，有云北土論師造也。而未知是非。北地諸論師云：非馬鳴造論。昔日地論師造論，借菩薩名目之，故尋覓翻經目錄無有也。未知定是非。」

吾儕將根據此兩道告發狀以搜尋造起信論之主名。

（註一）此序非智愷作，望月氏辯之特詳，見原著七〇——七六葉。其所指序文中矛盾誤謬處固甚當；然惜尚屬枝葉之考證。若如吾所論，正不必問序中內容如何，其僞一言可決耳。願以質諸望月君。

〔註二〕據歷代三寶記卷十一仁王般若經條下，有『見曹毗眞諦傳』一語；續高僧傳眞諦傳中有『見曹毗別歷』一語。　故知毗有此書。法經所謂『眞諦錄』或卽此耶。

〔註三〕此兩文中尤有極可笑之一語卽以起信論譯語人嫁名於月婆首那也。　月婆首那事蹟，續高僧傳附記於眞諦傳之末，其實此人與眞諦絕無關係，——殆未晤面。　不過因時代相次，附而傳之耳。　細讀傳文，自能明了。　乃作僞者忽然牽入此人，在起信譯場中派一差使，蓋由採資料於眞諦傳而誤用也。　因此益可證明僞序非惟出於費長房後，抑出於宣道後矣。

〔註四〕據費長房歷代三寶記稱眞諦自太清三年迄承聖三年所譯經論如下：

太清三年　仁王般若疏六卷

九識義記二卷
轉法輪義記二卷
四年　十七地論五卷
大乘起信論一卷
中論一卷　中論疏二卷
如實論一卷
本有今無論一卷
三世分別論一卷
起信論疏二卷
五年　金光明疏十三卷
承聖元年　金光明經七卷
三年　彌勒下生經七卷

仁王般若經一卷

共十六部四十六卷。　若益以起信偽序中所言玄文二十卷，大品玄文四卷，十二因緣經二卷，九識義章二卷，則此六年中，諦所譯書共七十六卷矣。　按諸傳文，事復可信。

(註五)望月原著對於法經長房兩家優劣之批評極確當。文繁不具引。

(註六)起信在唐時爲華嚴宗人所宗尚，而與玄奘之法相宗不相容。故華嚴大師賢首與玄奘譯經，議論不合，卒退出譯場而爲起信作疏。以此論之，玄奘當無梵譯起信之理。此義松本望月皆未論及，願以質之。

(註七)珍嵩新羅人，唐代之華嚴學家。　漸刹經即占察經，金陵刻經處有刻本。　其與起信論之關係見餘論。

本論下　從學理上考察

從學理上考察者：　一方面研究大乘起信論根本思想何在

，其所以異於他書而自成其特色者有某幾點。一方面研究佛教教理史發展之全部——某某時代始發生某項某項問題，某項問題發自印度，某項問題發自中國。然後綜合兩面，觀察起信論一派思想發生之可能性與其必要性而因以推論其著作之年代地方及人物。此本章研究法之大凡也。

一　起信論在佛學界位置概說

起信論之根本思想

起信論者，有名的所謂一心二門三大之教。以衆生心爲萬法之本，此心法函有眞如生滅二門，其義則有體相用之三大。如本論立義分所說：

「摩訶衍者，總說有二種。云何爲二：一者法，二者義。所言法者，謂衆生心，是心則攝一切世間出世間法；依於此心顯示摩訶衍義。何以故？是心眞如相卽示摩訶衍體故；是心生滅因緣相能示摩訶衍自體相用故。所言義者則有三種。云何爲三：一者體大謂一切法真如平等不增減故。二者相大謂如來藏具足無量性功德故。三者用大能生一切世間出世間善因果故；一切諸佛本所乘故；一切菩薩皆乘此法到如來地故。」

以上一段，爲全論總綱，故各立義分，以下解釋分，不外發明此段之理。摩訶衍卽梵文大乘之原語。問大乘作何解，起信論以吾輩衆生之心解之。此心何以名爲大，則從體相用三方面說明。體大者，謂吾輩衆生之心體——卽心之本性，實爲真如平等不增不減之一實在體。相大者，謂吾輩衆生之心相——卽心之現狀，佛教術語所謂如來藏者，現在雖爲客塵煩惱所覆蔽，而其中實具足大智慧大光明等等之無量性功德。　用大者，謂吾輩衆生之心用——卽心理活動之功用，能產生一切世間出世間之善因果。　衆生心具此三德，故名爲大；憑藉此心成佛，故名爲乘。

彼復將此心開爲眞如生滅二門。　文曰：

「依一心法有二種門。　云何爲二：　一者心眞如門二者心生滅門是二門皆各總攝一切法。　此義云何？　以是二門不相離故。

心眞如者，卽是一法界大總相法門體所謂心性不生不滅；一切諸法，唯依妄念而有差別。　若離心念，則無一切境界之相。　是故一切法從本以來，離言說相，離名字相，離心緣相，畢竟平等，無有變異，不可破壞，唯是一心。　故名眞如。……

心生滅者，依如來藏故有生滅心所謂不生不滅與生滅和合，非一非異，名為阿黎耶識……」

所謂真如門者，即體大，就衆生心之本體立言，與哲學家所謂實在論者相當。　謂此衆生心之體性即真如法身。　生滅門者即相用二大，就心理狀態及其開展之跡立言，與哲學家所謂現象論相當。　謂從如來藏阿賴耶五意以至分別事識，心相次第變展，現起萬法，生出迷悟順逆種種事象。　論主既以此二門說明萬法，恐讀者誤解以為主張二元論，故特別注意說明是「二門皆各總攝一切法，」「是二門不相離。」

其說真如則有空不空二義。　文曰：

「所言空者，從本已來一切染法不相應故謂離一切法差別之相，以無虛妄心念故。

所言不空者，已顯法體空無妄故，卽是真心常恆不變，淨法滿足則名不空。」

其說生滅主體之阿賴耶識，則有覺不覺二義。　文曰：

「所言覺義者謂心體離念。　離念相者，……卽是如來平等法身。

所言不覺義者，謂不如實知真如法一故，不覺心起而有其念。　念無自相，不離本覺。……」

其言迷悟順逆之理法，最注重薰習謂一切染淨法，皆由真如無明之互相薰。　文曰：

「云何薰習起染法不斷？　所謂以依真如故有於無明。以有無明染法因故卽薰習真如以薰習故則有妄心；以有妄心卽薰習無明不了真如法，故不覺念起現妄境界……。　造種種業，受於一切身心等苦……。
云何薰習起淨法不斷？ 所謂以有真如法故能薰習無明以薰習因緣故，則令妄心厭生死苦樂求涅槃。 以此妄心有厭求因緣故卽薰習真如……乃至久遠薰習力故，無明則滅。以無明滅故，心無有起；以無起故，境界隨滅……。—
吾輩本來清淨平等不增不減之衆生心，何故能爲客塵煩惱所污？ 既已被污，何故又能復其本體？ 舉要言之，則吾儕忽迷忽悟其可能性安在？ 論主解答此問題，謂由真如無明互有受薰之可能性故。 無明薰真如起妄心，妄心復薰無明，造出種種境界及一切苦，於是本與佛同體者變爲衆生。 真如薰無明尅妄心，被尅之妄心復薰真如，結果能將無明及其所緣生之境界全滅，於是現在衆生位者皆成佛。 所謂生滅因緣相之主要點如此。

本論所立諸義，學者名之爲真如緣起說蓋彼以真如門說明萬有之實相，以生滅門說明萬有之緣起。然以真如「不可說不可念」故，論文什分之九，皆說生滅。而真如生滅二門既不相離，一切生滅法皆依真如起，以真如爲本體。故謂之真如緣起法門。

起信論在佛教思想系統上所占之位置

吾儕治佛學者，一向皆以起信論爲入門第一部教科書，輒以爲此種教義及組織，自佛在世時卽已如是，乃至各派佛教徒所說無不如是，此大誤也。起信論蓋取佛教千餘年間在印度中國兩地次第發展之大乘教理，會通其矛盾，擷集其菁英，以建設一圓融博大之新系統。譬諸七級浮屠，此其頂也。其在印度，龍樹無著，雙峯對聳。

龍樹從實相方面立觀點，說法體恆空；無著從緣起方面立觀點，說萬法唯識。延及末流，護法清辯，互諍空有，法海揚瀾。起信論以衆生心爲大乘本體，而衆生心一面函真如相，一面函生滅因緣相，生滅又以真如爲依體，而真如又具空不空二義。於是般若法相兩家宗要攝無不盡，而其矛盾可以調和。其在中國，地論攝論諸師，關於佛身如來藏阿賴耶諸問題，各尊所聞，鬩成水火。起信論會通衆說，平予折衷。言佛身則應真雙開，言藏識則淨妄同體。於是南北各派之說據無不盡，而聚訟得有所定。此不過舉其犖犖大者。其他微文深解，融納衆流，殆不可以悉數，故元曉大乘起信論別記讚之曰：

「其爲論也，無所不立，無所不破。如中觀論十二門論等，通破諸執，亦破於破，而不還許能破所破，是謂往而不遍論者也。其瑜伽論攝大乘等，通立深義，判於法門，而不融通自所立法，是謂與而不奪論者也。今此論者，既智既仁，亦玄亦博；無不立而自遣，無不破而還許……。是謂諸論之祖宗，羣諍之評主也。」

「羣諍評生」一語，誠哉知言。據曉所說，既可知此起信論者，實涵有龍樹派之中觀十二門與無著派之瑜伽攝大乘等之所長。其實起信之所苞舉所調合寧止此而已哉。

於此而吾儕乃生一疑問焉：據老氏「一生二二生三」之理法，凡學說發達之順序，大率先有甲立，次有乙破，末乃丙合。今就印度思想系統言之，則中觀甲也，瑜伽乙也，起信丙也。就中國思想系統言之，則地宗甲也，攝宗乙也，起信丙也。人智以積而增，而天道後起者勝。起信誠高矣美矣，而謂其出於大乘萌蘖時代之馬鳴大士，則是無諍而評，不孕而育，吾儕如悍然蔑視歷史則已，苟非爾者，終不能不抉羣疑以求一是也。

二　佛身論之史的發展與起信思想

本體與佛身

宇宙之本體何耶？此爲形而上學實在論方面之主題。此問題，佛在世時，蓋所罕言。弟子及外人有問及者，佛往往斥爲戲論，如阿含中箭喻經所說是其例也。佛何故罕言此問題耶？其一，佛本爲實行的宗教家，非與人諍哲學，故對於此問題無取詞費。其二，本體體性，當由自證，非聲言所能詮說，故引而不發以待學者之自得。佛常說：「於現法中，以身作證。」故佛自身之人格卽爲此圓滿實在性之體現者。諸弟子親炙佛，卽躍然若與此性相接，更無取爲言辭上之討論。原始佛教對於此問題不甚厝意者以此。然亦正以此故，惹起後來佛學界無數問題。

後此佛學界之實在論，質言之，則佛身——或佛性論也。佛身論何自始耶？佛滅度後，所謂「人格的體現者」已不可得見。佛教徒乃倡爲肉身雖逝法身常存之說以自慰藉。其關於法身之解釋則有種種：或以佛所得之三十七道品十力四無畏十八不共法等之諸功德爲法身；或以無去無來之無爲實相的法體爲法身；或以遍滿虛空光照十方之說法聲音爲法身；大小乘家，其說不一。凡此皆於衆生外求佛身，可名之曰客觀的佛身說。印度自龍樹提婆以前，中國自羅什以前之佛身論，皆此類也。

佛身與如來藏心

同時有一種學說，其始似與佛身說無關而後此乃兩相結合者，則性淨說是也。據異部宗輪論所記，佛滅後百餘年頃，「大衆部」從「上座部」分裂。其教義中之一條，謂：「心性本淨，而爲客塵煩惱所覆。」此說小乘正統之「一切有部」大反對之；其在大乘，則「北印系」皆反對之，「南印系」一率贊成之。及大般涅槃經出現（此經以西四二一年由曇無讖譯出，在羅什後）昌言「一切衆生皆有佛性，」而佛性亦名法身，亦名如來藏。如來藏者指如來本性在客塵纏縛中之情狀言之。其思想淵源出於大衆部之性淨說，蓋無可疑。同此一性，在纏則爲衆生，出纏則爲佛。佛之法身不求諸衆生以外，此爲主觀的佛身說。自此種主觀的佛身說出現以後，於是佛身與如來藏，如來藏與心識之間，生出極複雜的問題。全部起信論，不過對於此問題之融通解答而已。

三身說之爭辯

龍樹前後之佛身論，惟主張佛陀肉身之外尚有法身存在而已。至無著時代，則於法身及肉身以外更立一所謂應化身者，成爲三身說。而此三身說復有二種：金剛般若論，法華論等，名爲法身報身應身；金光明經攝大乘論等，名爲法身應身化身，或自性身受用身變化身。不惟名稱有異，而解釋亦殊。吉藏法華經玄論卷九云：

「若法華論明三身者。以佛性爲法身，修行顯佛性爲報身，化衆生爲化身。若攝大乘論所明：隱名如來藏顯名爲法身，則此二皆名法身；就應身中自開爲二，化菩薩名報身，化二乘爲化身……。地論法華論是菩提流支所出，攝大乘是真諦三藏所翻，此三部皆天親之所述作，而明義有異者，或當譯人不體其意……。」

三身之說，雖同出世親，然其傳譯於中國也，先後意義不同：先時在北方所譯之十地論等，其第一身指真如本體，其第二身指出纏之如來藏，其第三身則教化衆生所示現之肉身也。厥後南方所譯之攝大乘論等則與彼異：謂隱者名佛性，顯者名如來藏，實同一而異名，不能析而爲二，故合彼說之前兩身爲第一身名之爲法身，而將彼說之第三身析爲二，化菩薩者爲第二身化小乘者爲第三身。因有此異說，遂成爲當時北方地論派，與南方攝論派辯爭極劇之一問題。慧遠大乘義章（卷十九）謂：「北地之三身說開真合應，南地之三身說開應合真，」卽其義也。

起信論對於此兩說採何種態度乎？　彼採北方地論派開真合應說建立體相用三大之義；　採南方攝論派開應合真說建立法報應三身之義。　其所謂體大，指真如體性，正當地論派之法身；所謂相大，指體中大光明智慧諸義，即出纏之如來藏，正當彼之報身；所謂用大，指諸佛自然不思議之業用，正當其應身。　雖然，其正說三身也，則又以體相二大總明法身，而以用大說報應二身。　論文云：

起信論對於三身兩說之調和

「真如自體相者，一切凡夫聲聞緣覺菩薩諸佛無有增減，非前際生，非後際滅，畢竟常恆。　從本以來，自性滿足一切功德：　所謂自體有大智慧光明義故，徧照法界義故，……乃至滿足無有所少義故，名爲如來藏，亦名如來法身。」

「無有增減畢竟常恆」，指真如體；下文所臚舉之一切功德，指真如相。　然統名之曰如來藏亦名如來法身。　是此法身明採攝論家說，將地論家之前二身合爲一也。　論文又云：

「此用有二種。　云何爲二：　一者依分別事識，　凡太二乘心所見者名爲應身……二者依於業識，謂諸菩薩從初發意乃至菩薩究竟地心所見者名爲報身。」

報應二身，同爲示化利他之身，同屬於用大。　是又明採攝論家說，將地論家之後一身析而爲二也。　彼之三身說固全採攝宗，然仍旁收地宗說以謀調和。　論文又云：

「又此法身是色體，故能現色。　所謂從本以來，色心不二。　以色性卽智故，色體無形，說明智身。　以智性卽色故，說明法身……。　諸佛如來，唯是法身智身之身。」

此又從法身中立出智身一名。　體大真如名法身；相大如來藏名智身；而二者實又異名同物。凡此諸義，其對於南北兩派所諍論之三身問題，融貫折衷慘淡經營之跡，歷歷可見。良由兩說相持，故有折衷的可能性且有折衷之必要。若起信爲馬鳴作耶？龍樹以前所謂三身說所謂如來藏說者曾未聞其名，馬鳴安能及此？卽三身說兩派之爭，在印度似亦無劇烈之痕跡，故印度其他論家，亦無取對此問題費爾許苦心也。

三　心識論之史的發展與起信思想

關於心識之分類，自小乘諸部多數之經論起，以迄般若，法華，涅槃，大智度等大乘之諸經論，皆唯說眼耳鼻舌身意之六識，而於他識更無所言。至深密，楞伽，密嚴，佛地等經，攝大乘，辨中邊等論，始立八識。此八識說者，蓋北印度系所產物，西曆四五世紀始成立者也。雖

（六識與八識）

然，其起原抑甚古。　蓋僅說六識，則當極睡眠或悶絕之時，六識皆不起，彼時有情之心識，豈非中斷？　業之相續果報之相續何由得行？　然則六識之上必應有一物焉爲其相續不斷之體。　此問題，雖小乘諸師亦有見及此，故各部派中試立種種異名：　如根本識，如窮生死陰，如果報識，如有分識，如細意識，如一味蘊等。(註二)八識說卽從此等發展來，目此根本細意識爲第八識而名之曰阿賴耶識。阿賴耶之名，據攝大乘論卷二謂增壹阿含中已有之。（但今譯本無彼文）然義意不大明瞭，或是昔時外道指爲自我本體之一術語。　故初期佛教徒論法相者，對於「何爲阿賴耶」之一問題，頗費索解。　一切有部諸師，或以之當「五取蘊，」或指爲「薩迦耶見，」所說非一。　至無著派之大乘教義起，始用爲第八根本識之定名，謂此乃如來甚深微妙之義非聲聞輩所能解。此賴耶識說成立之次第也。

阿賴耶與如來藏

阿賴耶本含有我愛執藏等義。今旣指爲諸識之根本且爲業相續果報相續之主體。則其性質與所謂佛性如來藏者可謂酷相似。於是如來藏與阿賴耶比較論起。兩者之爲同爲異以及心識之如何分類，成爲一極複雜之問題。

西紀四四三年劉宋之求那跋陀羅所譯四卷本楞伽中，有論如來藏及阿賴耶語，佛典中說此兩名詞之關係者，當以此經爲最古。此經區分心識有廣略二說。卷一云：「畧說有三種識；廣說有八相。何等謂三：謂眞識，現識，及分別事識。」卷四云：「善不善者謂八識。何等爲八：謂如來藏名藏識，心意，意識，及五識身。」兩文合參，則知略說三識中之真識，卽指第八之阿賴耶（藏識），經蓋認此識爲卽真常淨識。且云「如來藏名藏識」是明認如來藏與阿賴耶爲同物也。其後西紀五一三年後魏菩提流支所譯十卷本楞伽經中，其第七卷亦云：「阿賴耶識者名如來藏，而與無明七識共俱，如大海波，常不斷絕。」又云：「甚深如來藏，而與七識俱。」此論與四卷本正同，謂如來藏與阿賴耶同物。雖然，其下文又云：「如來藏識不在阿賴耶識中。是其七種識有生有滅，如來藏識不生不滅。」又云：「離阿賴耶識無生無滅；一切凡夫及諸聖人依彼阿賴耶識有生有滅。」此則與前文及四卷本之文矛盾，明認如來藏與阿賴耶非同物。所以然者，如來藏說起於南印，阿賴耶說起於北印，其淵源本自不同。楞伽之作者，欲調和兩派而未成熟，故無意中便露矛盾也。

如來藏思想，自涅槃勝鬘等經輸入以來，與眞如佛身說相應和，久已深入人心。及菩提流支佛陀扇多真諦等次第傳譯無著世親一派學說，以阿賴耶思想爲中心。於是阿賴耶本質何如，與如來藏爲同爲異，遂成爲南北朝時代佛學界諍論之焦點。

智顗法華玄義卷五云：

「若地人明：（謂地論派人所說）「阿梨耶是真常淨識」。攝大乘人云：（謂攝論派人所說）「是無記無明隨眠之識，亦名無沒識。九識乃名淨識。」互諍」

吉藏中論疏卷七云：

「舊地論師以七識爲虛妄，八識爲真實。攝大乘師以八識爲妄九識爲真實。又云：八識有二義一妄二真。有解性義是真，有果報義是妄用。」

湛然法華玄義釋籤卷九上云：

「陳梁以前，弘地論師，二處不同：相州北道，計阿梨耶以爲依持；相州南道，計於真如以爲依持。此二論師俱禀天親，而所計各異，同於水火。加復攝大乘興亦計梨耶以助北道。又攝大乘前後二譯，亦如地論二計不同。舊譯即立菴摩羅識，唐三藏但立第八。」

讀此諸文，可見當時地攝兩宗對於此問題諍論極烈。而且地論派中復分南北，攝論派中復分新舊，真有千巖競秀萬壑爭流之概。今請略述其歷史及其諍辯之內容，然後起信論思想之位置可得而明也。

地攝兩派關於心識論之爭辯

地論派者，自後魏菩提流支勒那摩提合譯十地論後，學者誦習此論，因以得名。以華嚴楞伽（四卷本）等經，十地金剛仙等論，爲其所宗。此派以阿賴耶爲真常淨識，慧遠大乘義章卷三云：「阿梨耶有藏識，聖識，第一義識，淨識，真識，真如識，家識，本識，八名。」十地論義記卷三云：「阿梨耶此翻無沒識。此是第八如來藏心。雖隨緣流轉，體不失滅，故云無沒。」此正宗四卷楞伽以賴耶卽如來藏之說也。彼輩又呼賴耶爲佛性，名曰佛性識。故金剛仙論卷五有「第八佛性識」之語。大乘義章卷一云：「佛因自體，名爲佛性，謂真識之心。」吉藏法華玄論卷二云：「先代地論師，以第八識爲佛性。自性清淨故，亦名性淨涅槃。」慧影大智度論疏卷十四云：「佛性之義，依於能照。卽是阿賴耶識。」慧思隨自意三昧云：「藏識湛然不變，西國云阿梨耶識，此土名爲佛性，亦名自性清淨藏，亦名如來藏。」此種賴耶即佛性賴耶即如來藏之說，源出於南印派，而盛行於我國之北朝，即所謂地論師派也。

其後地論分南道北道二派。北道祖菩提流支及道寵，南道祖勒那摩提及慧光。兩派所諍，在阿賴耶與真如之異同問題。北派爲地論正統，認賴耶純與如來藏同體，爲一切法之所依持，此外別無根本實體。南派別立真如以爲一切之所依持，蓋隱然認賴耶與如來藏爲別物矣。（註二）

攝論宗即自真諦譯攝大乘論後，傳諸其徒法泰等，遂成一宗，當時謂之新教。以攝大乘，決定藏，唯識諸論爲其所依。其說心識，與地論宗大異。彼輩訶斥阿賴耶謂爲無記無明隨眠之識，而別立第九之菴摩羅識爲真常淨識。決定藏論卷上云：「斷阿羅耶識即轉凡夫性。捨凡夫法故，阿羅耶識滅。此識滅故，一切煩惱滅。」圓測解深密經疏卷三云：「真諦三藏，依決定藏論立九識義。如九識品說。言九識者：眼等六識，大同唯識論。第七阿陀那，此云執持，執持第八爲我我所……。第八阿梨耶……第九阿摩羅識，此云無垢識。真如爲體。……」

地攝兩宗雖同祖無著世親，然創立攝宗之真諦，紹述純粹之北印學風，壁壘峻嚴，重分析以分析。故於八識之上復立第九；認阿賴耶爲妄識，與如來藏明示區別。菩提流支等布南印教義於吾國之北，真諦布北印教義於吾國之南，可稱學界一佳話。而在印度調和久未成熟之學說，乃不得不有待於中國人。此則大乘起信論出世之時也。

起信論之心識說

起信論對於心識作何分析作何融會耶？彼依一心法開二種門。論云：「心真如者，卽是一法界大總相法門體。」此文解釋三大中之「體大，」此真如純為「超阿賴耶的，」立之以為一切法之所依持，如南道地師所說。此真如分離言依言兩段說明；離言真如為「絕對真如；」依言真如說其能顯之功用與自具之性功德，是為「相對真如，」亦卽如來藏。心生滅門釋「相用二大。」其發端最重要之語，卽：

「心生滅者，依如來藏故有生滅性。所謂不生不滅與生滅和合非一非異，名為阿梨耶識。」

此文驟讀之，若全依楞伽。其實不然。四卷本楞伽云：「如來藏名識藏；」又云：「甚深如來藏而與七識俱。」(註三)

如此則如來藏與阿賴耶是一。中卷楞伽云：「如來藏識不在阿梨耶識中。如此則如來藏與阿賴耶是異。起信論之意，以謂：「依此不生不滅自性清淨之如來藏，法爾能有無明七識生滅之相。而此不生不滅自性與彼生滅相之總和，卽爲阿賴耶識。」不生不滅真體也；生滅妄相也。自楞伽以迄地攝兩宗，皆以真妄二元對待，校其一異。起信則建設真妄同體渾然一識之一元觀，故曰「不生不滅與生滅和合非一非異。」然則不生不滅何以能與生滅和合耶？論中嘗舉水波之喻以示其關係。(註四)文曰：

「一切心識之相，皆是無明。無明之相，不離覺性。非可壞非不可壞。如大海水，因風波動；水相風相，不相捨離，而水非動性。若風止滅，動相則滅，濕性不壞故。

如是衆生自性清淨心，因無明風動。心與無明，俱無形相，不相捨離。而心非動性。若無明滅，相續則滅，智性不壞故。」

自性清淨心，不生不滅者也，喻如水。無明，生滅者也，喻如風。七識相續之相，喻如波。『水相風相不相捨離，』故非異；『而水非動性，』故非一。此不生不滅與生滅和合之所以可能，而真妄合體之一元觀所由成立也。此義既立，而積年諍論之如來藏與阿賴耶同異問題，可以解決。質而言之，則如來藏爲阿賴耶構成之主要素；而阿賴耶尙藉他要素乃能構成。故亦可云如來藏與阿賴耶非一非異也。

阿賴耶識之本體既已說明，則此識爲真爲妄之爭，自可以迎刃而解。起信論對此問題，立覺不覺二義。文云：

「所言覺者，謂心體離念。離念相者，等虛空界，無所不徧。法界一相，卽是如來平等法身。」從覺方面說，則此阿賴耶識卽是如來等法身。此地論師所以指此識爲眞常淨識爲佛性也。論又云：

「所言不覺者，謂不如實知眞如法一故，不覺心起而有其念。……依不覺故生三種相：……一者無明業相。……二者能見相。……三者境界相。……」

從不覺方面說，則此阿賴耶識爲三細六粗一切惡見之母。此攝論師所以指爲妄識爲無明隨眠之識也。然則此極端矛盾之覺不覺兩義，何由能具於一識中耶？論之言曰：

「念無自相，不離本覺。譬如迷人，依方故迷。衆生亦爾，依覺故迷。若離覺性，則無不覺。以有不覺妄想心故，能知名義，爲說真覺。若離不覺之心，則無真覺自相可說。」

此言阿賴耶亦覺亦不覺，自其覺的功用言之則爲真，自其不覺的功用言之則爲妄。而覺不覺實有互不可離之關係，則阿賴耶謂之真也可，謂之妄也亦可。論主以此折衷地攝兩宗之說，而積年阿賴耶真妄問題之聚訟可以息。

（註一）攝大乘論卷一云：於大衆部，阿笈摩中，亦以異門密意說此，名根本識，如樹依根。化地部中亦以異門密意說此，名窮生死陰。攝大乘論天親釋卷二云：根本識是摩訶僧祇部所立名；窮生死陰是彌沙塞部所立名；正量部立名果報識；上座部立名有分識。異部宗輪論云：經量部末師，立有根邊蘊，有一味蘊。一味蘊者，即無始來展轉和合，一味而轉，即細意識曾不間斷。

（註二）地論南北兩宗之說，除法華玄義釋籤外，別無可考，未能得其內容。竊疑南道學風，頗受南方攝論派影響變化。容俟續考。

（註三）楞伽所謂『甚深如來藏而與七識俱，』不能與起信之『不生不滅與生滅和合』同解。起信謂如來藏與七識之總和成爲阿賴耶；楞伽謂賴耶與七識同在，而賴耶體相爲何，則未言也。

（註四）楞伽卷四云：『藏識海常住。境界風所動，種種諸識浪，騰躍而轉生。青赤種種色，……日月與光明，非異非不異。海水起波浪，七識亦如是心俱和合生……。謂彼藏識處種種諸識轉。』此文驟讀，若與起信水波之喻相同。其實不然。楞伽謂賴耶藏識爲境界風所動，生七識之波浪；而賴耶與七識和合非一非異。即所謂如來藏與七識俱也。起信謂自性清淨心爲無明風所動生七識之波浪；而淨心與無明和合非一非異，成爲賴耶。楞伽之賴耶，即起信之淨心，『實即起信的賴耶，」之構成要素。起信之和合，即賴耶自體；楞伽之和合，則示賴耶與七識相互關係也。治法相者宜分別觀之。

四　從教理上討論起信論成立之年代與地方

起信論思想與馬鳴

起信論思想之內容及其與印中兩土各派思想之關係，既略如前述。今當歸結到本文——起信論是否馬鳴造真諦譯之問題。

凡一人有數部著作，其間思想之交互連絡，必有痕跡可尋。例如龍樹之中論，十二門，大智度；無著之攝大乘，顯揚聖教，瑜伽師地；世親之唯識，佛性，辨中邊；皆各有其一家之學風，處處互相發明。今藏中所傳馬鳴著作，其來歷最分明而確實可信者，有大莊嚴論，佛本行讚二種；今以之與起信相校，凡起信所有之思想，彼中皆無；凡彼中所有之思想，起信亦不見。 雖曰所詮之對象不同，不必相襲；然以一人之著作而思想系統絕不相屬若此，實情理之所不許。 衡以因明「異品徧無」之例，苟不認彼兩書爲馬鳴作則已，亦既認之，則決不能信起信爲同出一人之手也。

起信論中許多思想，非惟馬鳴時無之，卽龍樹時亦無之。他且勿具舉，卽以阿賴耶識一義論，此義明明至無著世親時代乃始成立。 故彼兄弟所著書，皆汲汲於辨明此識之必有與夫此種分析之合於佛意。 就中如攝大乘論，全書三分一之篇幅，費於「阿賴耶有無」之辨論。 此凡初創新書者例須如此也。 假使起信論爲馬鳴作，則阿賴耶說當無著前數百年已爲學界大師所公認，攝大乘論之絮絮辨明，豈非全無意義？ 且馬鳴旣立有此識，而龍樹之論識乃全襲舊說僅有第六意識而止。

（註一）龍樹以馬鳴之分析爲非耶？宜有以糾駁之，以爲是耶？乃不取此進步的學說而襲用小乘家言何也？否則龍樹爲一極固陋之人，於馬鳴著作全未寓目也。凡此皆事理所必不可通者。不惟此一義而已，如所謂三佛身所謂如來藏所謂衆生心所謂眞如受熏等等之主要學說，皆龍樹所未夢見。質而言之，中觀大智度等論中受起信思想影響之痕跡，絲毫不可考見。吾儕既不能認彼諸論爲非龍樹作，卽不能認龍樹前有所謂馬鳴起信論者存也。

起信思想與印度各時代

起信出龍樹後，稍有常識者應無異辭，此後馬鳴之說所由生也。此後馬鳴後至何時耶？以思想系統言之，必其在世親後然後可。蓋起信中一大部分精神，在調和大乘兩宗空有之諍，至易見也。故若爲印度撰述，亦宜在護法清辯對壘之時或更在其後。然向來言有後馬鳴者，亦不過言其爲提婆弟子，（龍樹再傳）而彼時代之不能發生此思想又至易見也。故後馬鳴之說亦不能成立也。

凡造論必有所對治，而所對治者必爲當時正面之敵人。譬有一歐文政治學書於此，題爲十八世紀某名家所作，其內容則自立一種社會主義，而對於異派之社會主義徧加批駁；對於貴族主義平民主義之得失乃無一言論及；此書不問而知其僞矣。蓋十八世紀時代之政治論，其主要目的在與君主貴族肉薄；而社會主義並未出現，至何派之優劣更不成問題也。印度之大乘論部書，譯本不下百種，試一一搜覽，當可發見其中破敵之論，皆一面對治小乘，一面對治外道。乃起信論則全與彼等異：其中『對治邪執』之一段，所對治者純爲大乘別派，而於小乘及外道乃似不措意。內中所訶斥之『人我見，一全屬關於法身與如來藏之問題，所謂法身有色耶無色耶，空耶不空耶，如來藏有自相差別耶無自相差別耶，……等，正我國南北朝時代佛教徒辯諍之焦點也。（註二）若此論爲馬鳴造耶？馬鳴時代，並如來藏法身等名目而無之，遑問異說？以此對治，寧非無敵放矢？而其時正值外道爭鳴小乘跋扈，何以翻無一言施以對治？此何異以一書嫁名亞丹斯密，而書中乃徧評「布爾雪維克」「散得加」「基爾特」主義之得失；以一書嫁名盧梭，而書中對於君權神授說乃噤不一及也。夫豈惟馬鳴時代爲然，彼印度之大乘家，蓋始終在外道小乘重圍中，故雖至護法清辯輩，其著作皆爲對外對小之精神所貫注，從未有舍彼兩大敵而以大乘異說爲對治之鵠者。觀起信論所對治，則知其書蓋產於無小乘無外道之國，且當大乘各派訌爭混亂之時，而印度則非其倫也。

起信思想與真諦

起信既非印度著述，則譯人更不成問題。然此書何以嫁名真諦，毋亦以其中思想淵源於攝大乘論者甚多云爾。殊不知書中最主要之阿賴耶真妄問題，真諦與起信思想根本不同。如前文所引圓測解深密疏云：「真諦三藏依決定藏論立九識義。」是九識之說，傳自真諦。而此說以滅阿賴耶爲鵠；正與起信「依如來藏不生滅與生滅名阿賴耶」之說不相容者也。而後此崇尚起信之賢首，對於真諦同系之玄奘，意見不合，亦正以此也。是故雖有起信，真諦未必譯之；苟真諦而肯譯起信，則其所立宗風決不如彼也。

（註一）難者或曰：「就令起信論非馬鳴作，而阿賴耶之名，在龍樹前早已存在。　彼楞伽經中佛告大慧，不已詳哉言之耶？』　讀者若以此等論鋒相加，則吾儕殆無所容其辯難。如此則惟有認龍樹提婆輩爲一極陋極愚之學者，並其所讀之楞伽而不能解耳。　故吾於前論標出數項根本意見，言須承認許多佛經爲佛滅後千年間次第發展。　蓋不如此則佛教教理系統全破矣。

（註二）本論對治邪執中之五種人我見，其第一種邪執，謂『法身猶如虛空，』此指道生之法身無果及梁代三大法師之佛果無色說也。　第二種邪執，謂『眞如涅槃之性唯是其空，』此指般若一般之說，印度本有之，而中國亦甚盛者也。　第三種邪執，謂『如來藏有色心自相差別，』全與第二執相反，此指羅什等以佛之音聲等爲法身之說也。　第四種邪執，謂『如來藏自體具有世間生死等法，』此指天台之所謂十界性，四明之所謂性惡說，蓋當時攝論宗所主張如此也。　此等問題，（除第二執外在印度會發生與否，不可深考，要之在我國學界乃喧豗極也。

結論　起信論之作者及其價值

以上從文獻教理兩方面考察之結果，起信論非出印度，殆成信讞。同時支那撰述說當然成立。然則中國曷爲而能有此書。且曷爲而須有此書？當時學界情況，如前章所述：先以羅什所傳之龍樹派教義爲中心，成立三論宗。此宗在吾思想界有極深之根柢，極雄之勢力，當東晉宋齊間殆呈一統之觀。及流支笈多輸入世親派教義，創立地論宗，而固有之勢力爲之動搖。真諦東來，又於世親派中異軍特起別成所謂攝論宗者。三宗對峙，成鼎足割據之狀，思想界之混亂，達於其極。以好調和之中國國民性，對於此種狀態，殊難安忍，於是乎感有會通融和之必要。而以三百年間根柢蓄積之深厚，對於各項主要問題經無數賢哲往復辯爭，略已盡其癥結。學者所積學力，既已有調和衆說獨標新諦之可能性。夫既必要而且可能，此則以調和爲職志之起信論所由起也。然則調和已奏功乎？曰，是又烏能。夫思想者永無統一之期者也，果統一則已失其活力而不復得名之曰思想。我國佛教思想系統，入隋唐以後，三論蛻變爲天台，攝論蛻變爲法相，地論蛻變爲華嚴。以吾觀之，起信論所占位置，不過擴地論宗土宇爲華嚴宗先驅而已。然則起信論無甚價值可言耶？曰，是大不然。起信論者，消化印度的佛教而創成中國的佛教之一大產物也。印度的佛教與中國的佛教比較優劣，此別一問題。但凡屬文化力偉大之國民，承受外來學說，必能咀嚼之，變化之，加入自己之國民特性以成一新系統。我國之於佛教正如此。

而起信論及其所導出之華嚴宗，正其代表也。

然則創此起信論者誰耶？望月氏與村上氏對於此問題頗費極長之討論，而其說亦屢有小變。望月先確定其年代：謂此論當爲慧遠著述中所稱引，慧遠以隋開皇十二年（西記五九二）入寂，故成書之最低限，不能晚於開皇十二年。又此論確有引用真諦本攝大乘論之痕跡，攝大乘之翻譯在陳天嘉四年，（西紀五六三）故成書之最高限，不能早於天嘉四年。然則此書殆成於此三十年間某學者之手，殆無可疑。

據唐均正四論玄義所說，或云「北土論師造，」又云北地論師謂是「昔日地論師所造。」望月氏既求之於北地，又求之於南地，既求之於地論家，又求之於攝論家。其人則若慧思若曇延若曇遷，皆嘗擬及，而結果略推定爲曇遵。其考證之功甚勤，亦粗能自完其說。若全引之，須費數千言，恐讀者見厭，且從省略。(註二)望月之意，總以爲是當時某派論師，欲立一說以戰勝他派。自審人微言輕，乃託於馬鳴真諦以自重。於是在各派中皇皇求索，務得其人以實之。吾以爲此不必也。本論發端說造論因緣總相曰：

『爲令衆生離一切苦得究竟樂，非求世間名利恭敬故。』安知非當時有一悲智雙圓之學者，憫諸師之鬩爭，自出其所契悟者，造此論以藥之，而不欲以名示人。此在我國著述界中，殊不足爲奇也。在論主之意，並未嘗欲託古人以爲重。及既傳於世，共賞其玄異而不審其所自來。有好事者則謂是非馬鳴不能作非真諦不能譯也。輒以署之，而傳者因之，於是轉成作僞之文矣。以吾所見，或是如此，姑陳之以備一解。

抑吾更有言者，無論此書作者爲誰，動機何等，曾不足以稍損其價值。此書實人類最高智慧之產物；實中國印度兩種文化結合之晶體。以佛家依法不依人之義衡之，雖謂爲佛說可耳。於馬鳴乎何有！於真諦乎何有！

（註一）欲知其說，可看原著一六四至一七二葉，又四九至六四葉。

餘論

一 起信論與占察經

望月書中有起信論爲占察經之類同及關係一長篇，指摘兩書相同之點。又考定占察經確爲僞書，而因牽及起信真僞問題。極有理致。今節譯如下：

日本人賢寶所著寶册鈔卷人引新羅人珍嵩所著探玄記云：

「馬鳴起信論一卷。依漸刹經二卷造此論。而道宣師目錄

（按卽大唐內典錄）中云此經是僞經。故依此經之起信是僞論也。』珍嵩爲唐代人，均正以後，直指此論爲僞者，彼其首矣。然則漸刹經果何經耶？日本豐山快道起信論義記懸談云：「古曰漸刹者，恐占察事經歟？漸刹占察音相近，故誤乎？』望月氏據此知漸刹卽占察。占察者，全名爲占察善惡業報經，今存藏中。（明智旭有占察義疏現刊行）書凡二卷。上卷言占察之法：以木輪占過去世所作善惡之業及現世之苦樂吉凶，而歸結於福懺地藏王，實爲一種極妖妄迷信之說。下卷則言所謂大乘實義者：說衆生心體不生不滅自性清淨，說離言真如依言真如，說真如熏習無明熏習，說真如之自體相用，說對治邪執，說三種發心，說奢摩他毗婆舍那，說一行三昧，說專念往生，殆全部分與起信論相同。望月氏兩文對較列出十餘條。今擇錄其數條：

占察經

(一)菩提體者非有非無非非有非非無非有無俱非一非異非非一非非異非一異俱乃至畢竟無有一相而可得者以離一切相故離一切相者所謂不可依言說取以菩提法中無有受言說者及無能言說者故又不可依心念知以菩提法中無有能取所取無自無他離分別相故若有分別相者則爲虛僞不名相應

如來法身中離復無有言說境界離心想念非空非不空乃至無一切相不可依言說示而據世諦幻化因緣假名法中相待相對卽可方便顯示而說

起信論

眞如自性非有相非無相非非有相非非無相非有無俱相非一相非異相非非一相非非異相非一異俱相乃至總說依一切衆生以有妄心念念分別皆不相應故說爲空

一切法從本已來離言說相離名字相離心緣相畢竟平等無有變異不可破壞唯是一心故名眞如以一切言說假名無實但隨妄念不可得故言眞如者亦無有相謂言說之極因言遣言

復次眞如者依言說分別有二種義一者如實空二者如實不空

(二)所言心外相者謂一切諸法種種境界等隨有所念境界現前故

又復當知心外相者如夢所見種種境界唯心想作無實外事一切境界悉亦如是以皆依無明識夢所見妄想作故

復次應知內心念念不住故所見所緣一切境界亦隨心念念不住所謂心生故種種法生心滅故種種法滅此生滅相但有名字實不可得以心不住於境界境界亦不來至於心如鏡中像無來無去

三者名爲現識所謂能現一切境界猶如明鏡現於色像現識亦爾隨其五塵對至即現無有前後以一切時任運而起常在前故

三界虛僞唯心所作離心則無六塵境界此義云何以一切法皆從心起妄念而生一切分別即分別自心心不見心無相可得當知世間一切境界皆依衆生無明妄心而得住持是故一切法如鏡中像無體可得唯心虛妄以心生則種種法生心滅則種種法滅故

(三)法身本界無增無減不動不變但從無始以來與無明心俱癡闇因緣熏習力故現妄境界以依妄境界熏習因緣故起妄想相應心計我我所造集諸業受生死苦

是心從本已來自性清淨而有無明爲無明所染有其染心而常恆不變是故此義唯佛能知所謂心性常無念故名爲不變以不達一法界故心不相應忽然念起名爲

依一實境界故有彼無明不了一法界謬念思想惟現妄境界分別取著集業因緣生眼耳鼻舌身意等六根

但以無明癡闇熏習因緣現妄境界令生念著所謂此心不能自知妄自謂有起覺如想計我我所而實無有覺知想以此妄心畢竟無體不可見故

無明

以依眞如法故有於無明以有無明染法因故卽熏習眞如以熏習心則有妄心以有妄心卽熏習無明不了眞如法故不覺念起現妄境界以有妄境界染法緣故卽熏習妄心令其念著造種種業受於一切身心等苦

兩書相類之點甚多，此不過舉其什之二三，然卽此已可推見兩書實有密切之關係。假令占察果屬佛說而爲馬鳴所依，則馬鳴直剿經文改頭換面冒爲己作，寧有是理。而占察之爲僞經，自隋時既有定讞。歷代三寶紀卷十二占察經條下云：

「右一部二卷。檢羣錄無目。而經首題爲菩提登在外國譯。似近代出。今諸藏並寫流傳。而廣州有一僧行塔懺法：以皮作二帖子，一書善字，一書惡字，令人擲之，得善者好得惡者不好。……開皇十三年有人告廣州官司云其是妖。官司推問，其人引證云，塔懺法依占察經。……廣州司馬郭誼具狀奏聞。敕不信占察經道理。令……就寶昌寺問大德沙門法經等。報云：占察經，目錄無名及譯處；塔懺法與衆經復異，不可依行。敕云：諸如此者，不須流行。」

據此則此書已經隋代勘驗，認爲僞妄。故法經之隋衆經目錄入之疑惑部。此後彥琮之仁壽錄，道宣之大唐內典錄，亦皆列諸疑僞。惟明佺之武周刊定目錄，信爲眞經，而開元錄因之，其書遂入藏傳至今。然以絕不知名之外國譯師——所謂菩提登者，其來去蹤跡一無可考，舍此本外更無他譯，而舊經錄中亦曾未之見，則法經等之判爲僞，誠屬至當。其旨歸在禮懺地藏菩薩，明屬就中國俗間迷信附會出來，章章甚明。

顧最可怪者，其下卷所言教理與起信若合符節，且並文句亦多相同。望月氏於是提出三問題：（一）二書同出一人手，（二）起信襲占察，（三）占察襲起信。彼主張第二說，鄙意則第三說較爲近是。蓋當時起信初出世，傳習尙希，著僞占察之人偶獲其本，輒剿以實己書。其人又不解法相，故於論中言三細粗等文悉刪去，惟撏撦其泛言心性者敷衍之，故文宂漫不可讀。然卽此愈可證起信來歷不明，故作僞者利其可隱祕而敢於剽竊。不然，抄人人共讀之馬鳴論謂爲佛說，雖愚者不出此也。

二　起信論與釋摩訶衍論

有一妖書題曰釋摩訶衍論十卷者：現存藏中祕密部。（金陵刻經處有單行本）其書標題次行云：

馬鳴菩薩本論　　　波羅末陀譯

龍樹菩薩釋論　　　筏提摩多譯

篇首有一序，題曰『天回鳳威姚興皇帝製，』內有

『朕聞其梵本先在於中天竺，遣騎奉迎，近至東界。以弘始三年歲次星紀九月上日於大莊嚴寺親受筆削敬譯斯論。直翻譯人筏提摩多，傳俗語人劉連陀等，執筆人謝賢金等。首尾二年方繕寫畢功。』

等語。其書所謂本論者，卽梁譯起信論原文也。果有此書，果有此譯，則龍樹豈惟曾見起信，且曾爲之注釋，吾儕所考證，直可一筆抹殺耳。然此書作僞之謬而且愚，有出尋常情理外者。請略舉之。

第一．該書標題本論波羅末陀譯，釋論筏提摩多譯，譯一部書之注，反將本文抽出不譯而委諸他手，已屬異聞。且波

羅末陀非他，卽真諦梵文原名也。　梁承聖三年波羅末陀始譯出本論（從舊說）而一百五十五年前之弘始三年，有所謂筏提摩多者因其本文而譯其注，豈非妖怪！　蓋作僞者並波羅末陀之爲誰氏而不知，殆以彼爲唐虞三代時人矣。

第二　序文題「天回鳳威姚興皇帝，」可謂怪誕已極。　姚興乃秦主姓名並非皇帝徽號；且興亦從未聞有所謂「天回鳳威」之怪稱。　此如鄉嫗說城市事，開口便可笑。　況姚秦時又安有所謂大莊嚴寺者？　弘始三年，鳩摩羅什方在長安，聲勢赫奕，無人敢與抗顏行。　雖以飽學之佛馱跋陀羅（卽譯華嚴者）且被排而去，何物筏提摩多，能近姚興之禁臠耶？

第三　該書臚列許多異經異論且引其文。　其卷一謂起信所依經有百種，將經文一一列出，內中惟金剛三昧經，諸法無行經，大乘同性經，維摩詰經，華嚴經，大品經，修行道地經之七種，其名見於經錄，其書存於現藏；自餘九十三種，不惟從未見其書，且古今各著述家從未道其名。該書又言馬鳴作論一百部，內九十種花文論攝，十種攝義論攝。其所謂攝義論攝之十部，亦一一舉其名，從第一部一心遍滿論起至第十部大乘起信論止，皆從來著作家所未聞未見。真是「信口開河。」

第四　六馬鳴之說，即該書所自創也。原來印度所傳馬鳴事蹟，半帶神話性質，其年代亦言人人殊，如吾前文所述。作僞者乃雜糅諸說而會通之，化一爲六。夫學說雖可以會通，一個人出生年代，斷無可以會通之理，此常識所能知也。如作僞者所說，則此馬鳴者，從佛在世時起至佛滅後九百年止，連續出世六次。怪誕可謂已極。尤奇妙者，此部起信論，爲第幾次出世之馬鳴菩薩所造，彼卻未說！

第五　該書假造許多梵文來嚇人。其中最可笑者，如謂方等爲必薩伊尼羅，如來藏爲婆伽婆俱舍，法界爲達摩邊那，真如爲婆阿久尼羅，世間爲羅諾補帝尸，出世間爲度羅諾補帝等等。方等之梵名爲毗浮略 Vaipulya，佛門中小沙彌多知之。如來藏梵名爲 Fathagatagarbha，絕非婆伽婆俱舍。婆伽婆爲佛之敬稱，作僞者因佛亦稱如來，故移用於此而別湊上俱舍兩字。世間梵語爲 Loka，出世間爲 Lokattara，絕無所謂羅諾補帝之怪名。作僞者既杜撰一羅諾補帝爲世間，又取漢字中超度之義加上一度字名出世間爲度羅諾補帝，真堪絕倒。計書所舉梵名數十，除卻摩訶衍爲大乘確譯外，其餘恐皆是作僞者自爲蒼頡而已。（以上據望月原著二五二葉）此正如現今京滬間乩壇，常常有阿里士多德之流降臨，奮筆寫不成拼音之英語，其愚謬固可憐，其大膽欺人，卻真可惡！

第六 該書第九卷，造種種怪字，號爲真言。 其中有自二十九字至九十五字連屬之呪語，謂誦之可獲功德。 其怪字最可駭者，如罛（那闇反）[illegible]（吡入反）[illegible]（阻立反）㊈（於呼反）[illegible]（隱天反）[illegible]（於可反）[illegible]（弗八反）之類，明是踵襲武則天新字變本加厲，隨意亂作。

此種妄人妄作之妖言妖書，寧値置辯。 顧吾不惜費此等墨者，則以千年來信奉而寶習之者實繁有徒。 他且不論，卽如鼎鼎大名之華嚴宗第五祖唐圭峰禪師宗密，所著圓覺經疏鈔卷十，卽云：「準龍樹菩薩釋摩訶衍論中說，馬鳴菩薩約一百本了義大乘經造此起信論。卽知此論通釋百本經中義也。」——圭峰且然，後學誰敢持異議者？吾儕雖欲不辯而烏能已於辯哉？

嗚呼！吾欲大聲疾呼警告普天下之僧衆及居士曰：仁者日日誦持之經典，如此類者甚衆；日日所行之作法，如占察經之類者甚衆。愼之愼之，其毋以作佛事故而助魔張目也！